Zu diesem Buch

Der Deutsche Verkehrssicherheitsrat (DVR) geht von jährlich rund 120 Mio. Autofahrten mit mehr als 0,8 Promille aus, ca. 180 000 Menschen werden «erwischt» und verlieren ihren Führerschein. Etwa 82 000 Unfälle mit Personenschäden werden jährlich unter Alkoholeinfluß verursacht, jeder siebte Verkehrstote stirbt an den Folgen eines Unfalls, bei dem mindestens ein Unfallbeteiligter betrunken war.

Auch die Autorin *Carmen Liebs* verlor nach einer solchen Promillefahrt, bei der sie zum Glück nur auf ein stehendes Fahrzeug aufgefahren war, ihren Führerschein. Aus ihren persönlichen Erfahrungen entstand dieses Buch, in dem sie aus der Sicht der Betroffenen darüber informiert, mit welchen Problemen man rechnen muß, wenn man betrunken oder auch nur «angeheitert» Auto fährt. Neben der ausführlichen Aufklärung über die MPU (medizinisch-psychologische Untersuchung, kurz: «Idiotentest»), der man sich unter Umständen stellen muß, bevor man den Führerschein wiederbekommt, beantwortet sie alle wichtigen Fragen zu straf-, arbeits-, versicherungs- und verwaltungsrechtlichen Konsequenzen. In einem Extrakapitel geht es auch um Drogen und Medikamente im Straßenverkehr.

Weitere Informationen finden Sie im Internet unter:
www.promillefahrt.de

CARMEN LIEBS

PROMILLEFAHRT MIT FOLGEN
Was tun, wenn der Führerschein weg ist?

Rowohlt Taschenbuch Verlag

Die unter der Überschrift «Aus den Gerichtssaal» dargestellten Fallbeispiele sind überwiegend den Pressemitteilungen der Verkehrsrechts-Anwälte im Deutschen Anwaltsverein (Arbeitsgemeinschaft Verkehrsrecht) entnommen.

Veröffentlicht im Rowohlt Taschenbuch
Verlag GmbH, Reinbek bei Hamburg
Mai 2000
Copyright © 2000 by Rowohlt Taschenbuch
Verlag GmbH, Reinbek bei Hamburg
Dieses Taschenbuch ist die vollständig
überarbeitete und erweiterte Neuausgabe
des Titels «Die Führerscheinfalle»,
der zuerst 1997 im Eisbär Verlag, Berlin, erschien.
Umschlaggestaltung Notburga Stelzer
(Foto: ZEFA-Masterfile)
Satz Adobe Garamond PostScript (PageOne)
Gesamtherstellung Clausen & Bosse, Leck
Printed in Germany
ISBN 3 499 60897 9

Inhalt

Einleitung

Selbst erfahrene Rechtsexperten beklagen, daß das Verkehrsrecht in Deutschland immer mehr zu einer Materie ausufert, die auch von Spezialisten kaum noch beherrscht wird.

Wenn schon Fachleute mitunter vor der überwältigenden Gesetzesflut kapitulieren, wie soll dann ein juristischer Laie durchblicken? Nicht umsonst heißt es: «Wenn du den Zündschlüssel umdrehst, stehst du mit einem Bein schon im Gefängnis.» Die Regel ist jedem klar: Man darf beim Autofahren keinen Fehler begehen. Nur: Wo Menschen sind, passieren Fehler! Jeder Mensch, der sein Kraftfahrzeug auch nur für wenige Meter in Bewegung setzt, kann mit einer ungeheuerlichen Fülle von Paragraphen, Verordnungen, Straftatbeständen, Vorschriften und Regelungen in Konflikt geraten.

Der größte Teil aller Ordnungswidrigkeiten und Straftaten im Straßenverkehr steht nachweislich mit Alkohol am Steuer in Verbindung. Doch diese Gefahr wird von den meisten dramatisch unterschätzt. Immerhin gehen nach Expertenschätzungen die Hälfte aller Verkehrstoten auf das Konto von Alkohol am Steuer. Selbst nach einer folgenlosen Promillefahrt können Bestrafungen, verwaltungsrechtliche, aber auch versicherungs- und arbeitsrechtliche Konsequenzen sogar den erstmals ertappten Promillesünder völlig aus der Bahn werfen. Im schlimmsten Fall kann die gesamte Existenz gefährdet sein. Doch der durchschnittliche Führerscheininhaber ist nicht einmal annähernd über die Folgen einer Promillefahrt aufgeklärt. Hier herrscht offenbar ein sehr großer Aufklärungsbedarf.

Um Fahrten unter Alkoholeinfluß zu verhüten, sollte daher jeder in etwa wissen, wieviel Promille er nach einem ersten Glas bereits im Blut haben kann. Auch zu diesem Thema gibt es bislang kaum Informationen für Laien. Natürlich weiß jeder, daß man am besten mit 0,0 Promille fährt. Doch im Land der Bier- und Weintrinker, der Schützen-, Trachten- und Volksfeste ist die 0,0-Promillegrenze eine Illusion. Es hat wenig genützt, daß in den vergangenen Jahren in Deutschland die Promillegrenze im Straßenverkehr nach unten korrigiert wurde. Erstmals ertappte Alkoholfahrer unterschätzen ihren Promillepegel oft völlig. Mancher trinkt nach dem ersten noch das zweite und das dritte Glas. Schon durch die Wirkung des Alkohols bleibt die Vernunft dabei auf der Strecke.

Versuche haben ergeben: Wenig-Trinker schätzen ihren Promillewert meist zu hoch ein, Viel-Trinker eher zu niedrig. Ich meine: Promillegrenzen haben nur dann einen Sinn, wenn Autofahrer möglichst genau wissen, wie schnell man einen Pegel von 0,5 Promille aufbauen kann.

Ist man dennoch in angetrunkenem Zustand am Steuer erwischt worden, droht meist der Verlust des Führerscheins. Was Sie unternehmen müssen, um ihn wiederzubekommen und künftig nur noch nüchtern Auto zu fahren, können Sie in diesem Buch nachlesen. Es bietet Ihnen die praktische Hilfe einer ertappten Promillefahrerin, die sich durch den Dschungel der Probleme nach einem Führerscheinentzug schlagen mußte – von «Idiotentest»-Hilfsangeboten (seriösen und unseriösen), über Gesetze, Versicherungsbestimmungen und Vorschriften bis hin zu Verwaltungsvorgängen.

Im Juli 1996 habe ich einen Verkehrsunfall mit 1,75 Promille verursacht, bei dem eine Frau «nur» leicht verletzt wurde. Ich selbst blieb unverletzt. Nach einer verspäteten Vollbremsung innerhalb einer Ortschaft bin ich auf ein stehendes Fahrzeug, das links abbiegen wollte, mit etwa 15 km/h aufgefahren.

Sechs Wochen später erhielt ich einen Strafbefehl, der 9000

Mark Geldstrafe und 14 Monate Fahrerlaubnissperre umfaßte. Bei der Gerichtsverhandlung vor dem Amtsgericht wurde das Urteil auf eine Gesamtsperre von 10 Monaten ab dem Tattag und 4000 Mark Geldstrafe abgemildert. Nach dem Einspruch der Staatsanwaltschaft gegen dieses milde Urteil sind 11 Monate Sperrfrist verhängt worden. Ich bin damit dennoch sehr glimpflich davongekommen.

Ich habe die Verletzungen der Frau, die ich durch meinen Unfall geschädigt hatte, von Anfang an sehr ernst genommen und von Herzen bedauert. Aber erst durch die Recherche für dieses Buch weiß ich, wieviel Glück wir beide hatten, daß nicht noch mehr passiert ist. Mein Auffahrunfall war sehr alkoholtypisch, denn mit steigender Alkoholisierung kann man Entfernungen nicht mehr richtig einschätzen. Auch die Reaktionen werden erheblich langsamer. Wäre ich nüchtern gewesen, hätte ich das stehende Fahrzeug rechtzeitig bemerkt, entsprechend angehalten oder es umfahren, und dieser Auffahrunfall wäre nie passiert.

Erst etwa einen Monat danach wurde mir klar, daß ich nicht um den sogenannten «Idiotentest» (medizinisch-psychologische Untersuchung MPU) herumkommen würde, wenn ich jemals wieder eine Fahrerlaubnis erhalten wollte. Das bedeutete, daß ich mich ohne ein positives Gutachten nach der MPU überhaupt nie wieder ans Steuer eines Autos hätte setzen dürfen.

Mein Alkoholkonsum hatte mir eigentlich nie Probleme bereitet. Im Durchschnitt hatte ich von Zeit zu Zeit entweder bis zu vier halbe Liter Bier oder bis zu vier Viertel Wein getrunken. Etwa ein Jahr vor der (ertappten) Promillefahrt wurden es aber etwa dreimal im Monat in gemütlicher und fröhlicher Runde im Zeitraum von mehreren Stunden auch bis zu fünf oder sechs Viertel Wein oder fünf oder sechs halbe Liter Bier (das entspricht etwa 100 bis 120 g Alkohol). Als Laie glaubt man nicht an ein Alkoholproblem, solange man nicht einmal annähernd täglich trinkt. Ich bin weder alkoholkrank noch alkoholabhängig, mir fällt es aber gerade in geselliger Runde schwer, nach dem dritten Glas aufzuhören. Dieses Stadium stufen manche Fachleute immerhin bereits als «alkohol-gefährdet» ein.

Meine entdeckte Promillefahrt war kein Wunder: Als Führer-scheinneuling war ich noch ganz sicher gewesen, niemals Alkohol zu trinken und dann zu fahren. Irgendwann fuhr ich doch nach dem ersten oder zweiten Glas Alkohol Auto. Ich kam nie in eine Kontrolle, und auch sonst passierte nichts. Dann fuhr ich ohne schlechtes Gewissen auch nach dem vierten oder fünften Glas, schließlich war es immer gutgegangen. Ich bin bis zu meinem Unfall sicher 50–100mal mit einem ähnlichen Promillepegel un-terwegs gewesen.

Natürlich habe ich zumindest theoretisch immer gewußt, daß ich nach einem derartigen Alkoholkonsum auf keinen Fall noch Auto fahren durfte. Allerdings hatte ich meine Promillezahl völlig unterschätzt. Ich hatte immer gedacht, daß Leute mit zwei Pro-mille Blutalkoholgehalt flaschenweise Schnaps, literweise Wein oder kistenweise Bier in sich hineingeschüttet haben müßten. Heute weiß ich, daß bereits fünf Viertel Wein oder fünf halbe Liter Bier (= 100 Gramm Alkohol) bei meinem Körpergewicht (66 kg) durchaus 1,6 bis zwei Promille ergeben können und daß pro Stunde nur etwa 0,1 bis 0,15 Promille abgebaut werden.

Ich richte mich mit diesen Berechnungen nach der vorsichtig-sten Schätzformel (Widmark-Methode, siehe S. 135), die bei mir ziemlich exakt zutrifft. Männer mit hohem Körpergewicht kön-nen sicherlich erheblich mehr trinken, um auf solche Promille-werte zu kommen. Aber schon der eigenen Sicherheit und dem Führerschein zuliebe sollte man Schätzformeln generell eher zu-rückhaltend anwenden.

Meinen Promilleunfall habe ich zum Anlaß genommen, mei-nen Alkoholkonsum und seine Hintergründe auch mit psycholo-gischer Hilfe zu ergründen. Es hat über drei Monate gedauert, bis ich nach verschiedenen Versuchen in die für mich richtigen

Hände kam. Schließlich habe ich bei der Münchener Verkehrs-psychologin Hedwig Runge in der Praxis «Startklar – Verkehrs-psychologisches Team» eine Therapie mit 15 Sitzungen absolviert. Diese Irrungen und Wirrungen sind einer der Gründe, weshalb ich den nun vorliegenden Ratgeber geschrieben habe.

Ab etwa einem Monat nach dem Unfall habe ich vorsichtshalber gar keinen Alkohol mehr getrunken und bis zur medizinisch-psychologischen Untersuchung (MPU) alle sechs Wochen beim Hausarzt meine Leberwerte bestimmen lassen. Alle diese Werte habe ich zur MPU als medizinisch nachvollziehbaren «Nachweis» mitgenommen, daß ich fähig bin, über einen längeren Zeitraum ohne Alkohol zu leben.

Heute werde ich oft gefragt, wie ich es denn jetzt mit dem Alkohol halte. Klare Antwort: Am Steuer gibt es für mich ausnahmslos nur noch die 0,0-Promille-Grenze. Früher hätte ich bei vielen Gelegenheiten auch als Autofahrerin zwei halbe Liter Bier oder zwei Viertel Wein getrunken. Durch meine persönliche 0,0-Promille-Regelung trinke ich automatisch viel weniger als früher, weil ich als Autofahrerin von vornherein nur Alkohol-freies bestelle. Wenn ich nicht fahren will oder muß, trinke ich allerdings nach wie vor ganz gerne Alkohol.

Bei meiner MPU-Gutachtenstelle in Süddeutschland habe ich alle Beteiligten als höflich und freundlich empfunden. Natürlich kann ich nur diese Gutachtenstelle beurteilen. Ich habe dort ein positives Gutachten ohne Nachschulung bekommen. Statistisch gesehen standen meine Chancen höchstens 30 : 70 gegen mich. Allerdings habe ich auch wirklich etwas dafür getan. Und das ist im Prinzip alles, was Gutachter-Stellen von Verkehrssündern erwarten.

In diesem Ratgeber möchte ich aufräumen mit der «Panikmache» vor der MPU. Ich würde zudem gerne verhindern helfen, daß Betroffene an falsche oder unseriöse Beratungsstellen geraten. In den ersten Monaten nach der Promillefahrt bin ich ja selbst auf viel Hilflosigkeit und auch auf Geschäftemacherei gestoßen. Es wäre auch im Sinne der Verkehrssicherheit, wenn durch richtige Beratung weniger Ersttäter zu Wiederholungstätern würden.

Deshalb ist es mein Anliegen klarzumachen, worauf es nach einer Trunkenheitsfahrt wirklich ankommt, damit der Fahrer möglichst noch vor der 2-Jahres-Frist, nach der erneut die Führerscheinprüfung bestanden werden muß, die Fahrerlaubnis zurückbekommt und sie kein weiteres Mal verliert.

Von den jährlich mehr als 100 000 Promillesündern, die zur medizinisch-psychologischen Untersuchung (MPU) müssen, ist der größte Teil völlig unvorbereitet. Die meisten wissen nicht, was bei dieser Untersuchung auf sie zukommt. Vor allem ist vielen nicht klar, daß von diesem Test die Wiedererteilung der Fahrerlaubnis abhängt.

Das Führerscheinamt will (und muß!) herausfinden, wie hoch bei einem Promillesünder die Rückfallgefahr für eine erneute Trunkenheitsfahrt ist. Obwohl jeder ertappte Promillesünder erst einmal voller guter Vorsätze ist, zeigt die Statistik folgendes:
- Nach der ersten Trunkenheitsfahrt werden ca. 40 % rückfällig (– aber auch 60 % nicht rückfällig);
- nach der zweiten Trunkenheitsfahrt liegt die Quote bei ca. 60 %;
- nach der dritten Trunkenheitsfahrt werden ca. 70 % erneut rückfällig.

Jeder ertappte Promillefahrer muß deshalb möglichst glaubhaft darstellen können, daß er nach menschlichem Ermessen nicht zur Gruppe der Rückfalltäter gehören wird. Und das gelingt in der Regel nur durch tatsächliche Verhaltensänderungen.

Wundern Sie sich nicht, wenn Sie sich mit der führerscheinlosen Situation und den damit verbundenen Unannehmlichkeiten nicht abfinden können. Ich habe inzwischen mit vielen Betroffenen gesprochen, die mir bestätigten, daß es viele Wochen dauern kann, bis diese Umstände einigermaßen verarbeitet und akzeptiert sind. Ich selbst habe etwa drei Monate gebraucht, ehe ich bei dem Gedanken an meine Promillefahrt nicht mehr in Tränen ausgebrochen bin.

Es mag in diesem Buch stellenweise so aussehen, als wäre ich eine glühende Verfechterin der MPU. Dies trifft so keinesfalls zu. Aber: Wenn die Fahrerlaubnisbehörde eine MPU fordert, dann gibt es nun mal keine andere Möglichkeit für die Betroffenen, ihre Kraftfahreignung nachzuweisen.

Also, viel Glück – und allzeit gute Fahrt!

Alkohol am Steuer –
die unterschätzte Gefahr

«Das darf doch nicht wahr sein.» Maurerpolier P. ist bis heute verzweifelt darüber, daß er im Vollrausch einen Menschen totgefahren hatte. Das Opfer war ein junger Stammtischfreund. Anders als P. hatte das spätere Unfallopfer den Heimweg zu Fuß angetreten – und wurde wenig später von P. überfahren. Das Stöhnen des Sterbenden verfolgt den Alkoholfahrer bis heute. Daß seine Sorglosigkeit im Umgang mit Alkohol den Freund tötete – dieser Zusammenhang wurde P. zu spät klar. «Ohne die MPU hätte ich das niemals kapiert», sagt P.

Im nachhinein hätte er gerne zu den Alkoholfahrern gehört, die schon vor einem Unfall auffällig werden. Für sie sind das «Erwischtwerden» und der «Idiotentest» – die MPU – oft eine Chance zur rechtzeitigen Verhaltenskorrektur, ehe sie das Leben anderer – und auch ihr eigenes – für immer zerstören. («MPU-Standpunkte – eine TÜV-Information zur Verkehrssicherheit 1/97»).

Unter Alkoholeinfluß gab es im Jahre 1998 in Deutschland knapp 72 000 Unfälle mit Personenschäden. Dabei waren 38 000 Verletzte und 1114 Tote zu beklagen. Damit starb 1998 nachweislich jeder 7. Verkehrstote an den Folgen eines Unfalls, bei dem mindestens ein Beteiligter alkoholisiert war.

Tatsächlich dürfte die Dunkelziffer der Alkoholunfälle hoch sein, da nicht bei jedem Unfallbeteiligten aktenkundig wird, daß er unter Alkoholeinfluß gestanden hat. Auch von den unfallflüchtigen Verkehrsteilnehmern stand wahrscheinlich ein überdurchschnittlich hoher Anteil unter Alkoholeinfluß. 1998 begingen ca. 55 000 Fahrer gerichtskundig Unfallflucht. Eine Alkoholisierung zum Unfallzeitpunkt kann bei ihnen oft im nachhinein nicht mehr nachgewiesen werden.

Die Blutproben bei Unfällen mit Personenschäden ergaben folgende Promillewerte:

6,0 %	unter 0,50 ‰
8,2 %	0,51 bis 0,80 ‰
10,1 %	0,81 bis 1,10 ‰
12,8 %	1,11 bis 1,40 ‰
14,9 %	1,41 bis 1,70 ‰
16,0 %	1,71 bis 2,00 ‰
19,1 %	2,01 bis 2,50 ‰
8,9 %	2,51 bis 3,00 ‰
4,0 %	mehr als 3,01 ‰

(QUELLE: STATISTISCHES BUNDESAMT WIESBADEN)

Die Strafverfolgungsstatistik für das Jahr 1997 ergab folgende dramatische Zahlen:
- 150 000 Straftaten in Verbindung mit Alkohol am Steuer (ab 1,1 Promille)
- 30 000 Ordnungswidrigkeiten wegen Alkohol am Steuer (bis maximal 1,09 Promille)

Die vielen ertappten Promillesünder und vor allem die Dunkelziffer der Nichtertappten verwundern nicht, wenn man sich vor Augen hält, daß der durchschnittliche Pro-Kopf-Verbrauch von alkoholischen Getränken in Deutschland im Jahre 1996 bei 11,1 Litern reinem Alkohol lag. Statistisch flossen jedem Deutschen also rund 132 Liter Bier, 18,2 Liter Wein, 4,6 Liter Sekt und 6,3 Liter Spirituosen durch die durstige Kehle. Deutschland liegt im europäischen Vergleich seit Jahren auf den vordersten Plätzen. 40 000 Menschen sterben jedes Jahr an den Folgen ihres Alkoholkonsums. Die Arbeitgeber rechnen mit volkswirtschaftlichen Schäden in Höhe von 30 Milliarden Mark durch Alkoholmißbrauch. Schätzungen, die Behandlungskosten, Unfälle und anderes mit einbeziehen, kommen auf 80 Milliarden Mark.

In diesem Zusammenhang meldet der Verband der deutschen Rentenversicherungsträger für 1998 Gesamtkosten von 856 Millionen Mark für Abhängigkeitserkrankungen von 42 680 Versicherten, die durchschnittlich 96 Tage lang in stationärer Behandlung waren. 80 Prozent dieser Entwöhnungsbehandlungen gehen auf das Konto von Alkoholerkrankungen.

25 % aller Arbeitsunfälle (einschließlich Wegeunfälle) sind alkoholbedingt. Kein Wunder, denn:

- 52 % aller Berufstätigen trinken gelegentlich Alkohol am Arbeitsplatz, davon
- 11 % täglich oder fast täglich,
- 4 % mehrmals in der Woche,
- 10 % etwa einmal in der Woche oder alle 14 Tage, und nur
- 27 % selten oder nur bei bestimmten Gelegenheiten.

(QUELLE: DEUTSCHER VERKEHRSSICHERHEITSRAT E. V.)

Die Alkoholproblematik wird nach Ansicht der Deutschen Hauptstelle gegen Suchtgefahren (DHS) weit unterschätzt:

- Etwa 2,4 Millionen Bundesbürger zwischen 18 und 69 Jahren sind alkoholkrank (rund ein Drittel von ihnen sind Frauen).
- Weitere 1,7 Millionen sind alkoholabhängig.
- Bei insgesamt 9,3 Millionen Bürgern wird der Alkoholkonsum als riskant bis gesundheitsschädlich eingeschätzt.

Damit zeigen etwa 13,4 Millionen aller Deutschen ein äußerst gefährliches Trinkverhalten. Wie viele davon mögen Führerscheininhaber sein?

– Laut der deutschen Hauptstelle gegen Suchtgefahren (DHS) haben sich die Trinkgewohnheiten in Deutschland in den letzten Jahrzehnten drastisch geändert. Geschäftsführer Rolf Hüllinghorst: «Die, die viel trinken, trinken mehr.»

Jedes Jahr müssen sich rund 103 000 Alkoholfahrer einer medizinisch-psychologischen Untersuchung unterziehen, um wieder als Kraftfahrer am Straßenverkehr teilnehmen zu dürfen. Die Untersuchungen von 1998 ergaben: Nur 32,0 % aller MPU-Kandidaten erhielten auf Anhieb ein positives Gutachten, weitere 20,2 % bekamen nach einem Nachschulungskurs die Fahrerlaubnis zurück. 47,8 % der Begutachteten fielen zunächst einmal durch. Ein negatives Gutachten bedeutet: Der Entzug der Fahrerlaubnis verlängert sich auf unbestimmte Zeit, auch wenn die richterliche Fahrerlaubnissperre bereits abgelaufen ist.

Betrunken gefahren – und nun?

Etwa 13 Millionen aller Deutschen sind nach einer Untersuchung des ADAC für die Ausübung ihres Berufes auf ihren Führerschein angewiesen. Jeder zweite Erwerbstätige fährt laut «Auto Bild» mit dem Auto zum Arbeitsplatz.

Zum Beispiel Herr XY:

Herr XY ist fest angestellt und braucht für die Ausübung seines Berufs unbedingt seinen Führerschein. Er hat noch keinen Punkt in Flensburg und ist in keinerlei Hinsicht vorbestraft.

Im Monat verdient Herr XY ca. 2000 Mark netto. Er sitzt irgendwo in netter Runde und hat innerhalb von drei Stunden fünf halbe Liter Bier und 2 cl Schnaps getrunken. Nach der «Widmark»-Formel kann bei Herrn XY, der 70 Kilo wiegt, nach diesem Alkoholkonsum (ca. 108 Gramm reiner Alkohol) der Blutalkoholgehalt deutlich über der «Straftat-Grenze» von 1,1 Promille liegen.

Er faßt gegen alle guten Vorsätze den Entschluß, jetzt noch

Auto zu fahren. Und tatsächlich verursacht er einen Unfall, bei dem ein Mensch leicht verletzt wird. Der Sachschaden am fremden Auto beträgt 10 000 Mark. An seinem eigenen PKW entstehen 5000 Mark Sachschaden.

Bereits für einen erstmals überführten Promillefahrer können die Folgen etwa so aussehen:

- etwa 13 Monate Führerscheinentzug
- Geldstrafe: ca. 55 Tagessätze à 70,– Mark = 3850,– Mark
- bis ca. 10 000 Mark Rückzahlung an die Kfz-Haftpflichtversicherung für den (Sach- und / oder Personen-)Schaden, den er verursacht hat (Regreßpflicht). Weder die private Unfall- noch die Kaskoversicherung deckt eventuelle eigene Schäden. Das bedeutet, daß Herr XY den Sachschaden an seinem Kraftfahrzeug in Höhe von 5000 Mark selbst zahlen muß. Die Kosten, die von den Versicherungen nicht übernommen werden, kann Herr XY beim Finanzamt nicht einmal als «außergewöhnliche Belastungen» geltend machen
- durch Führerscheinverlust – Herr XY fährt ja auch beruflich Auto – Verlust des Arbeitsplatzes
- zwölf Wochen Sperrfrist beim Arbeitsamt (3 Monate kein Arbeitslosengeld)
- Entzug der Fahrerlaubnis, die Herr XY ab 1,6 Promille ohne positive medizinisch-psychologische Begutachtung (MPU) nicht wieder bekommen wird. Damit darf er im schlimmsten Fall nie wieder auf deutschen – oder zukünftig gar auf europäischen – Straßen ein Kraftfahrzeug führen
- wäre Herr XY Beamter, würde eventuell ein Disziplinarverfahren folgen.

Wer die Folgen einer Trunkenheitsfahrt und die Bestrafung dafür bisher verdrängt hat, nach dem Motto: «Erwischt werden nur andere – ich nicht!», sollte vorsichtig sein. Eine einzige Promillefahrt kann den Ertappten ins finanzielle Abseits stellen oder – im schlimmsten Fall – die gesamte Existenz ruinieren.

Spätestens nach einer überführten Alkoholfahrt hat der Promille-sünder den schlimmsten «Morgen danach» seines Lebens: Der Führerschein ist weg. Langsam wird ihm bewußt, daß durch die Trunkenheitsfahrt, je nach den einzelnen Umständen (normale Verkehrskontrolle, Unfall mit Sach- oder gar Personenschaden), das tägliche, persönliche Leben mindestens für die Dauer eines Jahres völlig umgekrempelt werden wird.

Die Strafmaßnahmen und alle mit dem verlorenen Führer-schein verbundenen Nachteile führen dazu, daß der Promillesün-der die ersten Wochen und Monate nach dem Vorfall in einem wahren Wechselbad der Gefühle verbringt:

- Verzweiflung: Wie soll er es bloß schaffen, während der Sperr-frist das tägliche Leben ohne Führerschein zu meistern?
- Zorn auf sich selbst: Warum hat er es nur so weit kommen las-sen, warum konnte er nicht vernünftiger sein?
- Unbändige Wut auf die «offiziellen Beteiligten»: die Polizei, das Gericht, den Unfallgegner. «Warum mußte der/die unbe-dingt die Polizei holen, das hätte man doch auch unter sich re-geln können?»
- Wie soll er die finanzielle Belastung tragen?

Experten gehen davon aus, daß ein durch eine Promillefahrt ver-lorener Führerschein insgesamt schnell 10 000 Mark kosten kann. Wenn arbeits- und versicherungsrechtliche Konsequenzen hinzukommen, liegt die Schadensumme oft bei 50 000 oder sogar bei 100 000 Mark. Zu den Kostenfaktoren gehören:

- eventueller Schaden am eigenen, geleasten oder bankfinanzier-ten Auto (den eine Vollkaskoversicherung unter Umständen schon ab nur 0,3‰, ganz sicher aber ab 1,1 Promille nicht zahlt)
- Regreßpflicht (= anteilige Rückforderung der Schadensumme vom Verursacher) der Kfz-Haftpflicht-Versicherung in Höhe von bis zu 10 000,– DM für den gegnerischen Sach- und/oder

Personenschaden. In Verbindung mit Unfallflucht kann die Versicherung sogar 15 000,– DM zurückfordern.

- Geldstrafe
- Kosten für den Rechtsanwalt und Gerichtskosten
- Gebühren für die MPU ca. 700 Mark
- evt. (verkehrs-)psychologische Betreuung oder Kosten für Aufbauseminare ab ca. 500 bis 4000 Mark. Längerfristige Therapien oder Schulungen kosten entsprechend mehr.
- Kosten der Verwaltungsbehörde für die Neuerteilung der Fahrerlaubnis (ca. 150 Mark)

Lassen Sie sich von «Besserwissern» nicht verrückt machen. Jeder, der nicht prinzipiell völlig nüchtern Auto fährt, ist bereits gefährdet, mit zuviel Promille am Steuer erwischt zu werden. Obwohl ich aktenkundige Ersttäterin bin, habe ich jedoch keinerlei Verständnis für Wiederholungstäter. Eventuell muß man auch damit fertig werden, jemand anderen oder sich selbst körperlich geschädigt oder «nur» in Gefahr gebracht zu haben.

Wer daraus nicht lernt und sich erneut alkoholisiert ans Steuer setzt, hat auch keine Fahrerlaubnis verdient. So mancher Promillefahrer ist bereits schwer alkoholabhängig. Deshalb kann eine entdeckte Promillefahrt der notwendige Anlaß sein, um über die eigenen Trinkgewohnheiten nachzudenken und eventuell mit ärztlicher und/oder fachpsychologischer Hilfe den überhöhten Alkoholkonsum zu reduzieren.

Sie sollten Ihr Strafmaß niemals mit anderen Delikten (Vergewaltigung, Raub etc.) vergleichen. Promillefahrer haben oft den Eindruck, daß Straftäter außerhalb des Straßenverkehrs «viel besser wegkommen». Auch wenn diese Überlegungen naheliegend und ganz natürlich sind – sie bringen außer Verzweiflung und Wut gar nichts.

Denken Sie in diesem Zusammenhang lieber daran, daß jährlich weit mehr als 1000 Personen in Deutschland durch Alkohol am Steuer sterben. Der TÜV schätzt sogar, daß jeder zweite Verkehrstote auf Alkoholkonsum eines Unfallbeteiligten zurückzuführen ist. Der Deutsche Verkehrssicherheitsrat e. V. geht von ca. 120 Millionen Alkoholfahrten über 0,8 Promille pro Jahr in Deutschland aus. Mit jeder einzelnen «Sauftour» sind «rollende Zeitbomben» auf den Straßen unterwegs. Bei geschätzten 13 Millionen Deutschen, die ein bedenkliches Trinkverhalten an den Tag legen, ist eine hohe Dunkelziffer vorstellbar.

Oft trifft es leider die unschuldigen (und nüchternen) Beteiligten bei einem Alkoholunfall schwerer als die Verursacher. Halten Sie sich vor Augen, wie sich die Angehörigen der Opfer von Alkohol am Steuer fühlen! Es ist purer Zufall, wenn bei einer Promillefahrt niemand zu Schaden kommt.

Der Führerscheinverlust ist dagegen geradezu eine Bagatelle. Es gibt viele Menschen, die ohne Fahrerlaubnis auskommen und statt dessen den öffentlichen Nah- und Fernverkehr nutzen.

Kommentare wie: «Um Gottes willen, wie bist Du nur auf 1,75 Promille gekommen?» haben mich selbst sehr geärgert. Ausgerechnet meine «Mittrinker», die selbst gerade beim 4. oder 5. halben Liter Bier saßen, machten Bemerkungen wie «Da müssen Sie ja zehn Liter Bier oder drei Liter Wein getrunken haben!» Auch darin zeigt sich wieder, daß die meisten Menschen die Auswirkungen ihres Trinkverhaltens falsch einschätzen.

Sobald Sie über die ersten Phasen nach der Promillefahrt (Verzweiflung, Tränen, Wut) hinweggekommen sind, gilt es jedoch, nach vorne zu schauen!

Die rechtlichen Konsequenzen einer Promillefahrt

Wenn Sie unter Alkoholeinfluß Auto gefahren sind und «erwischt» wurden, drohen Ihnen rechtliche Konsequenzen – je nachdem, wie hoch Ihr Promillewert war.

Im folgenden finden Sie Antworten auf die ersten dringenden Fragen nach einer Promillefahrt: Mit welcher Strafe muß ich rechnen, wie bekomme ich meinen Führerschein wieder und wo finde ich einen guten Rechtsbeistand?

Wieviel Promille sind strafbar?

- **Bis 0,29 Promille:** Wer bis zu diesem Grenzwert einen Unfall verursacht, wird so behandelt, als hätte er absolut nüchtern am Steuer gesessen.
- **Ab 0,3 Promille:** Es drohen ein bis zwei Nettomonatsgehälter Geldstrafe und sechs bis zwölf Monate Entzug der Fahrerlaubnis, wenn durch 0,3 Promille alkoholbeeinflußte Ausfallerscheinungen aufgetreten sind oder ein Unfall passiert ist. Schon das Nichtbeachten einer roten Ampel, das Überfahren einer durchgezogenen weißen Linie oder das Fahren von «Schlangenlinien» machen diesen Fall zu einer Straftat. Selbst wer relativ unverschuldet in ein Unfallgeschehen gerät, kann ab 0,3 Promille eine Teilschuld erhalten. Es drohen dann sieben Punkte und eine verkehrsrechtliche Vorstrafe für zehn Jahre.
- **0,5 – 0,79 Promille:** Auch ohne alkoholtypische Fahrfehler oder Unfall ist mit 200 Mark Geldbuße und zwei Punkten in Flensburg zu rechnen. Im Laufe des Jahres 2000 muß man davon ausgehen, daß zukünftig zusätzlich ein Fahrverbot von einem Monat verhängt wird.

Wegen einer nicht eindeutigen Formulierung in § 13 Ziffer 2b der Fahrerlaubnisverordnung ist nicht auszuschließen, daß die Fahrerlaubnisbehörde schon bei zwei nachgewiesenen Alkoholfahrten mit 0,5 Promille in 10 Jahren eine MPU anordnen kann.

- **0,8 bis allerhöchstens 1,09 Promille:** Wenn Sie bei einer Verkehrskontrolle ohne Unfall oder alkoholtypische Fahrfehler mit diesem Wert erwischt werden, drohen ein Monat Fahrverbot und 500 Mark Geldbuße sowie 4 Punkte in Flensburg, wenn Sie noch nie mit Alkohol am Steuer erwischt wurden.

Als Zweittäter werden Sie mit 1000 Mark und vier Punkten und zwei Monaten Fahrverbot bestraft, als Mehrfachtäter erhalten Sie 1500 bis 3000 Mark Geldbuße, 4 Punkte und drei Monate Fahrverbot. Die Tat gilt als Ordnungswidrigkeit. Auch hier gilt: Im Schadensfall oder bei alkoholtypischen Fahrfehlern wird die Alkoholfahrt zur Straftat, die mit mindestens 6 Monaten Entzug der Fahrerlaubnis geahndet wird.

- **Ab 1,1 Promille:** Auch ohne Unfall oder alkoholtypische Fahrfehler ist man Straftäter; es drohen eine Geldstrafe (ein bis zwei Nettogehälter) und Fahrerlaubnisentzug mit anschließender Sperre von mindestens sechs Monaten. Die Teilnahme an einem Aufbauseminar kann die Sperre verringern. Wenn in den letzten drei Jahren schon einmal die Fahrerlaubnis entzogen war, beträgt die Mindestsperre zwölf Monate.

- **Ab 1,6 Promille:** Die Fahrerlaubnisbehörde fordert auf jeden Fall eine MPU, auch bei Ersttätern.

Mit einem Fahrverbot wird lediglich die Teilnahme mit einem Kraftfahrzeug am öffentlichen Straßenverkehr befristet untersagt. Die generelle Fahrerlaubnis bleibt davon in der Regel unberührt. Sie bekommen also am Ende des Fahrverbots den Führerschein wieder. Das Fahrverbot soll neben der Geldbuße ein »Denkzettel« für eine erhebliche Ordnungswidrigkeit sein.

Wiederholungstäter müssen zur medizinisch-psychologischen Untersuchung (MPU) bei einer amtlich anerkannten Begutachtungsstelle für Fahreignung (BfF), zum Beispiel beim TÜV/DE-KRA. Dies gilt auf jeden Fall, wenn die Fahrerlaubnis schon einmal wegen Alkohol am Steuer entzogen war.

Sollte der Promillesünder den «Idiotentest» nicht bestehen, kann der Führerschein so lange vorenthalten werden, bis er ein positives Gutachten vorweisen kann.

Aus dem Gesetzbuch: § 25 Abs. 2 des Straßenverkehrsgesetzes

Seit 1. März 1998 gilt: Wer bis dahin einen Bußgeldbescheid mit Fahrverbot bekommen hatte, durfte mit Rechtskraft des Bescheides nicht mehr fahren. Die Fahrverbotsfrist begann aber erst mit der Ablieferung des Führerscheines bei der Behörde.

Nun können die meisten Autofahrer den Zeitpunkt der Führerscheinabgabe innerhalb von vier Monaten selbst bestimmen, um das Fahrverbot in Gang zu setzen. Damit können persönliche Umstände, etwa die Nutzung des Jahresurlaubs bei Berufskraftfahrern, besser berücksichtigt werden.

Dieses Wahlrecht wird den Verkehrsteilnehmern allerdings nur gewährt, wenn sie in den letzten zwei Jahren vor dem Verstoß kein Fahrverbot hatten. Wer ständig in grobem Maße Verkehrsregeln mißachtet, darf auch in Zukunft nicht auf diese Galgenfrist hoffen. Außerdem gilt diese neue Regelung nur für Ordnungswidrigkeiten.

Während des vierwöchigen Fahrverbots dürfen Sie auch nicht im Ausland fahren, denn der internationale Führerschein gilt nur in Verbindung mit dem nationalen (deutschen) Führerschein.

Auch mit einem Promillewert, der deutlich unter 1,1 Promille liegt, können Sie eine lange Fahrerlaubnissperre erhalten. Hier ein Beispiel:

Aus dem Gerichtssaal

Mit 0,53 Promille im Blut hatte ein Angeklagter ein Warn-blinklicht und eine Haltelinie nicht beachtet, obwohl er wegen eines wolkenbruchartigen Regens langsam gefahren war. Er stieß mit einem Abschleppwagen zusammen und verursachte einen Sachschaden in Höhe von 500 Mark. Der Verteidiger versuchte das Gericht davon zu überzeugen, daß der Fahrfehler des Angeklagten nicht alkoholbedingt gewesen sei. Ohne Erfolg: Das Amtsgericht Weilheim/Obb. blieb bei dem bereits im Strafbefehl ausgesprochenen Urteil von sechs Monaten Entzug der Fahrerlaubnis und 2000 Mark Geldstrafe wegen «Gefährdung des Straßenverkehrs». Ohne den Unfall wäre der Angeklagte mit «nur» zwei Punkten in Flensburg und 200 Mark Geldbuße davongekommen.

Die Geschichte der Promillegrenze

Seit 1955 gibt es den Blutalkohol-Grenzwert im Straßenverkehr. Er betrug damals noch 1,5‰. Vorher wurde die Fahruntüchtigkeit jeweils nach Ermessen des Richters bewertet, da es noch keine genauen Meßgeräte gab. Elf Jahre später, 1966, wurde die Promillegrenze auf 1,3‰ gesenkt. 1990 wurde die Straftat-Grenze auf 1,1‰ festgelegt.

1973 rutschte die Grenze für Ordnungswidrigkeiten auf 0,8 Promille. Seit Mai 1998 besteht die 0,5-Promillegrenze.

Promillegrenzen im Ausland

Slowakische Republik	0,0 Promille
Tschechische Republik	0,0 Promille
Ungarn	0,0 Promille
Rumänien	0,0 Promille

Türkei	0,0 Promille
Polen	0,2 Promille
Schweden	0,2 Promille
Bulgarien	0,5 Promille
Norwegen	0,5 Promille
Slowenien	0,5 Promille
Kroatien	0,5 Promille
(Rest-) Jugoslawien	0,5 Promille
Niederlande	0,5 Promille
Portugal	0,5 Promille
Belgien	0,5 Promille
Finnland	0,5 Promille
Griechenland	0,5 Promille
Frankreich	0,5 Promille
Österreich	0,5 Promille
Spanien	0,5 Promille
Dänemark	0,5 Promille
Italien	0,8 Promille
Luxemburg	0,8 Promille
Schweiz	0,8 Promille
England	0,8 Promille
Irland	0,8 Promille

Vor einer Urlaubsreise sollten Sie sich nach aktuellen Änderungen erkundigen, z.B. bei einem Automobilclub.

Das Fahren nicht führerscheinpflichtiger Fahrzeuge unter Alkoholeinfluß?

Die gesetzliche Promillegrenze für das Fahrrad liegt zur Zeit bei 1,6 Promille. Wenn man mit diesem Blutalkoholwert auch mit nicht-führerscheinpflichtigen Fahrzeugen, also etwa auf dem

Fahrrad oder dem Mofa, erwischt wird, liegt bereits eine Straftat, namentlich Gefährdung des Straßenverkehrs, vor. Allerdings werden diese Fälle vor Gericht oft unterschiedlich bewertet.

• Einmalige Promillefahrten mit dem Fahrrad
Nachfolgend zwei völlig gegensätzliche Urteile zum Thema «Alkohol am Lenker»:

Aus dem Gerichtssaal

Hat der Inhaber einer Fahrerlaubnis für Kfz als Radfahrer mit einer Blutalkoholkonzentration (BAK) von 2,32‰ am Straßenverkehr teilgenommen, so bestehen nach Ansicht des Bundesverwaltungsgerichts in der Regel berechtigte Zweifel an seiner Eignung zum Führen von Kraftfahrzeugen, so daß die Fahrerlaubnisbehörde – auch bei einem Ersttäter – die Vorlage eines MPU-Gutachtens verlangen kann.

Eine erstmalige Trunkenheitsfahrt mit dem Fahrrad führt allerdings nicht in allen Fällen zur MPU-Forderung der Fahrerlaubnisbehörde, wie nachfolgendes Urteil zeigt:

Aus dem Gerichtssaal

Das Verwaltungsgericht Bremen sah keinen Anlaß zur Überprüfung der Kraftfahreignung mittels MPU, als ein sonst unauffälliger Fahrerlaubnisinhaber am Himmelfahrtstag bei einer «Vatertagstour» mit dem Fahrrad mit 2,2‰ einen leichten Unfall verursachte.

Ähnliche Fälle werden von den Gerichten also durchaus unterschiedlich beurteilt. Auch nach einer Promillefahrt mit dem Fahrrad ist ein Rechtsbeistand daher unverzichtbar.

Alkoholisierte Mofa-Fahrten werden ebenfalls geahndet:

Aus dem Gerichtssaal

Nach vier einschlägigen Vorstrafen wurde ein 54jähriger erneut mit 2,4 ‰ auf dem Mofa erwischt. Das Landgericht München II setzte drei Monate Gefängnisstrafe letztmalig zur Bewährung mit folgender Bewährungsauflage aus: Künftig darf der Angeklagte nur noch zu Fuß gehen. Innerhalb von drei Wochen muß er sein Mofa verkaufen oder verschrotten, ein Fahrrad darf er nicht besitzen.

• Wiederholte Promillefahrten mit dem Fahrrad:
Die Verwaltungsbehörde kann Promillefahrten auf dem Rad zum Anlaß nehmen, die Kraftfahreignung zu prüfen. Nachfolgend ein Beispiel:

Aus dem Gerichtssaal

Das Verwaltungsgericht Köln ordnete die Beibringung eines MPU-Gutachtens im folgenden Fall an: Dem Betroffenen war 1980 der Führerschein wegen einer Trunkenheitsfahrt mit dem Auto mit 1,75 ‰ entzogen worden. Nach der Wiedererteilung der Fahrerlaubnis war er bei drei verschiedenen Gelegenheiten alkoholisiert auf dem Fahrrad erwischt worden: 1982 mit 1,69 ‰, 1983 mit 1,75 ‰ und 1986 mit 2,34 ‰.

Fahren ohne Führerschein in Notfällen

Selbst wenn sich jemand verletzt hat oder bei der Ehefrau die Wehen einsetzen, ist dies für die Gerichte noch keine Rechtfertigung, sich ohne Führerschein ans Steuer zu setzen.

Eine Ausnahmesituation könnte etwa so aussehen: Sie sind als Beifahrer an einem schweren Unfall nachts auf einer einsamen Landstraße beteiligt und als einziger noch bei Bewußtsein oder unverletzt. Sie haben kein Mobiltelefon und setzen sich ans

Steuer, um Hilfe zu holen oder ein Telefon zu finden. Diese Situation muß beweisbar sein. «Notsituationen» werden oft vor Gericht als Vorwand für Fahrten ohne Fahrerlaubnis angegeben und nur in den seltensten Fällen akzeptiert.

Fahren Sie ohne Notlage ohne Fahrerlaubnis, drohen Gefängnisstrafe, Beschlagnahmung des Fahrzeugs und Rückforderungen der Kfz-Haftpflichtversicherung. Die Rechtsschutzversicherung wird nicht für das Strafverfahren aufkommen.

Aus dem Gerichtssaal

Ein 51jähriger Mann wollte rasch sein vollbepacktes Auto auf dem Parkplatz abstellen. Eigentlich durfte er seinen Wagen keinen Zentimeter bewegen, da er seit drei Jahren keinen Führerschein mehr besaß.

Durch einen anonymen Hinweis beobachtete die Polizei die 60-Meter-Fahrt vom Gehsteig zum Parkplatz. Das Amtsgericht Dachau verhängte daraufhin zehn Monate Gefängnisstrafe und dreieinhalb Jahre Führerscheinsperre.

Eine Berufung des Dachauers blieb ohne Erfolg. Er wandte ein, er habe die 60 Meter nur wegen seiner Frau zurückgelegt, die Angst vor einem Achsenbruch bei der Fahrt über den Randstein gehabt hätte. Der Wagen sei wegen einer Urlaubsfahrt voll beladen gewesen. Das Gericht schätzte die «ängstliche Ehefrau» als Schutzbehauptung ein, zumal der Dachauer bereits wegen mehrerer Fahrten ohne Führerschein aktenkundig war.

Muß der Führerschein neu erworben werden?

Wenn die Fahrerlaubnis länger als zwei Jahre entzogen war, müssen Sie sowohl die praktische als auch die theoretische Führerscheinprüfung erneut bestehen.

• Wenn die Fahrerlaubnis bereits am Tattag von der Polizei

beschlagnahmt wurde, gilt er als der erste Tag der 2-Jahres-Frist.

- Andernfalls liegt etwa eine Woche nach der Tat die Auswertung der Blutprobe vor. Wird dann der Führerschein durch das Amtsgericht vorläufig (§ 111 a Strafprozeßordnung [StPO]) entzogen, ist das Datum des gerichtlichen Bescheids der erste Tag der 2-Jahres-Frist.

Es gilt, sofort ab Beginn der Fahrerlaubnissperre alles zu tun, damit der Entzug der Fahrerlaubnis diese 24 Monate nicht übersteigt. Im Durchschnitt liegt die Sperrfrist nach einer Fahrt mit 1,6 Promille und mehr zwischen elf und 15 Monaten. In der Regel kann man erst drei Monate vor dem Ende der Sperrfrist eine neue Fahrerlaubnis und damit den MPU-Termin beantragen. Die Erstellung eines MPU-Gutachtens dauert etwa 3 Wochen.

Wenn Sie kein positives Gutachten bekommen, ist es oft frühestens nach sechs Monaten, manchmal erst nach einem Jahr sinnvoll, sich wieder zur MPU zu begeben. Im Falle eines negativen Erstgutachtens kann die 2-Jahres-Frist also schneller vorüber sein, als man glaubt.

Nach zwei Jahren muß mit Begleitung durch eine Fahrschule eine theoretische und praktische Prüfung abgelegt werden. Die Fahrschule muß sich vor der Prüfung von den theoretischen und praktischen Fähigkeiten des Prüflings überzeugen. Dies geschieht im Rahmen einer Begutachtung, die mindestens drei Fahrstunden und eine theoretische Vorprüfung mit zwei Fragebögen umfaßt.

Der Fahrzeugklassenbestand des Führerscheins

In vielen älteren Führerscheinen ist das Führen bestimmter Fahrzeugklassen eingeschlossen, die mit den neuen Führerscheinen nicht mehr ohne weiteres gefahren werden dürfen. So hat sich auch mit dem neuen Fahrerlaubnisrecht ab dem 1. Januar 1999 viel am Neuerwerb einer Fahrerlaubnis geändert. Diese Änderungen betreffen jedoch nicht die Fahrerlaubnisklassen, die Sie einmal erworben und nie verloren haben. Hier gilt in vollem Umfang der sogenannte «Besitzstandschutz».

Sie dürfen etwa mit einem Führerschein der Klasse B (früher Klasse 3), der vor dem 1. April 1980 erworben wurde, auch Motorräder bis 125 ccm fahren. Wer aber nach dem Entzug der alten Fahrerlaubnis wieder ein Motorrad bis 125 ccm fahren will, muß diese Fahrerlaubnisklasse in einer Fahrschule neu erwerben, da die neue Fahrerlaubnis zum Führen solcher Fahrzeuge nicht mehr berechtigt.

Ein anderes Beispiel: Wer seinen Führerschein Klasse B (früher Klasse 3) spätestens vor dem 31. 12. 98 beantragt und spätestens bis zum 30. Juni 1999 erworben hat, darf Fahrzeuge bis 7,5 Tonnen führen. Bei der Neuerteilung der Fahrerlaubnis seit 1. Januar 1999 (beziehungsweise seit 30. Juni 1999) darf man mit dem Führerschein der Klasse B nur noch Fahrzeuge bis 3,5 Tonnen mit einem Anhänger bis 750 kg lenken. Nur «Altinhaber» der Klasse 3 besitzen bis an ihr Lebensende eine Fahrberechtigung für Fahrzeuge bis 7,5 t.

Der alte Bestand bleibt aber nur dann erhalten, wenn die Fahrerlaubnis niemals – auch nicht kürzer als zwei Jahre – entzogen wurde. Aus einer rechtskräftig entzogenen und damit erloschenen Fahrerlaubnis kann im Prinzip kein «altes Recht» abgeleitet werden. Das bedeutet, daß es Ausnahmefälle geben kann. Mit konkreten Fragen sollten Sie sich an die Fahrerlaubnisbehörde wenden.

Sie sollten Ihre Fahrerlaubnisbehörde unbedingt über eventuelle Ausnahmeregelungen befragen.

Fahren mit einem ausländischen Führerschein?

Wenn Ihnen in Deutschland die Fahrerlaubnis entzogen wurde, dürfen Sie in Deutschland kein Auto führen. Unter der Rubrik «Verschiedenes» schalten unseriöse Anbieter oft Anzeigen, die den problemlosen Erwerb ausländischer Führerscheine ohne MPU versprechen. Gegen Honorare ab 3000 Mark helfen diese Firmen, einen Scheinwohnsitz im europäischen Ausland zu besorgen, der den Erwerb des ausländischen Führerscheins erst ermöglicht.

Ein EU-Bürger kann ganz legal einen in der BRD gültigen Führerschein in einem EU-Land erwerben, wenn er sich mindestens ein halbes Jahr, ganz genau mindestens 185 Tage, mit Hauptwohnsitz in diesem EU-(Aus)land befindet.

Wenn deutsche Behörden jedoch ermitteln, daß Sie nicht mindestens ein halbes Jahr in dem betreffenden Land gewohnt haben, ist der Führerschein ungültig.

Nehmen wir nun an, jemand war wirklich ein halbes Jahr im Ausland und zieht dann offiziell wieder nach Deutschland zurück:

Auszug aus dem seit 1. Januar 1999 geltenden Fahrerlaubnisrecht:
V. Anerkennung von EU-Führerscheinen
Mußten EU-Bürger bisher bei einem über ein Jahr dauernden Aufenthalt in einem Mitgliedsstaat ihre Fahrerlaubnis umschreiben lassen, so entfällt jetzt diese Pflicht.

Die Fahrerlaubnis findet auch bei einem Wohnortwechsel Anerkennung. Allerdings müssen Fahrerlaubnisinhaber der Klassen C, CE, C1, C1E, D, DE, D1 und D1E ihre Fahrerlaubnis innerhalb von 185 Tagen registrieren lassen.

Für Fahrerlaubnisinhaber aus Drittstaaten (= Nicht-EG-Staaten, d. V.) gilt nach wie vor die Verordnung über den internationalen Kraftfahrzeugverkehr, d. h. innerhalb eines halben Jahres nach der «Einreise» in die BRD muß die Fahrerlaubnis umgetauscht werden.

Wenn in Deutschland eine medizinisch-psychologische Untersuchung (MPU) vor der Wiedererteilung einer Fahrerlaubnis ange-
setzt war oder ist, wird auch der EU-Führerschein weder regi-
striert noch anerkannt. Übrigens werden auch in ausländischen
Führerscheinen Fahrerlaubnissperren vermerkt.

Aus dem Gerichtssaal

In Bayern stand 1998 ein 47jähriger vor Gericht, der eigenen Angaben zufolge den sogenannten «Idiotentest»
(MPU) auch beim dritten Anlauf nicht bestanden hatte. Er
hatte nach etwa 45minütiger Fahrprüfung am Londoner
Flughafen einen irischen Führerschein der Klassen 1–3 erworben. Dafür zahlte er 6000 Mark und war felsenfest davon überzeugt, daß alles ganz legal war. Der Staatsanwalt
war allerdings der Meinung, daß selbst «der Allerdümmste
hätte kapieren müssen, daß da etwas oberfaul ist».

Der Rechtsanwalt forderte Freispruch, weil sein Man-
dant betrogen worden sei und mit der Zahlung von 6000
Mark für einen nicht gültigen Führerschein schon bestraft
genug sei.

Der Richter unterstellte «bedingten Vorsatz» und verurteilte den Angeklagten wegen Verschaffung eines ge-
fälschten amtlichen Dokuments zu einer Geldstrafe von
3900 Mark (60 Tagessätze zu 65 Mark).

Fahren mit einem nicht gültigen EU-Führerschein gilt als vorsätzliches Delikt mit allen strafrechtlichen und versicherungsrechtlichen Konsequenzen.

Die Folgen einer Promillefahrt im Ausland

Wem im Ausland ein Fahrverbot auferlegt oder gar der Führerschein entzogen wird, der muß künftig damit rechnen, daß er
auch in der Heimat nicht mehr fahren darf. Das sieht ein geplan-

tes Vollstreckungsabkommen innerhalb der EU vor. Nach Ansicht des ADAC wäre dagegen nichts einzuwenden, wenn in Europa die Voraussetzungen für den Führerscheinentzug einheitlich wären. Dies ist jedoch nicht der Fall. Besonders problematisch wird es dann, wenn im Ausland ein Fahrverbot für ein Delikt ausgesprochen wird, das in Deutschland nur mit einer geringeren Geldbuße oder anderen Maßnahmen geahndet wird.

§ 7 Abs. 2 StGB bietet bereits jetzt deutschen Fahrerlaubnisbehörden die Möglichkeit zur Verfolgung schwerwiegender Verstöße, die von Deutschen im Ausland begangen werden. Für die Fahrerlaubnisbehörde ist ggf. unerheblich, ob Verkehrsverstöße im In- oder Ausland begangen wurden. Wenn sie von solchen Verstößen erfährt, können auch Führerscheinmaßnahmen verhängt werden. So kann es passieren, daß Sie etwa nach einer Alkoholfahrt mit Sachschaden oder Verletzten im Ausland von Ihrer deutschen Fahrerlaubnisbehörde aufgefordert werden, sich zur MPU zu begeben. Wenn Sie innerhalb einer bestimmten Frist der Fahrerlaubnisbehörde kein positives Gutachten vorlegen können, wird Ihnen auch die deutsche Fahrerlaubnis entzogen.

Der richtige Anwalt

ADAC-Mitglieder haben Anspruch auf eine im Clubbeitrag enthaltene Rechtsberatung in allen Fällen, die mit dem Straßenverkehr bzw. mit dem Führen und Halten von Autos in Zusammenhang stehen. Diese Beratung ist unabhängig vom Bestehen einer Rechtsschutzversicherung und erfolgt durch rund 700 frei praktizierende ADAC-Vertragsanwälte. Vor der Beratung sollte ein Termin unter Angabe der Mitgliedsnummer vereinbart werden.

Diese Erstberatung verpflichtet den Ratsuchenden jedoch nicht dazu, sich durch den ADAC-Rechtsanwalt vor Gericht auch vertreten zu lassen. Sie können sich im Anschluß an jeden anderen Anwalt Ihres Vertrauens wenden.

Im ADAC-Clubbeitrag sind allerdings nur die Kosten der Rechtsberatung durch den Vertragsanwalt enthalten. Wird der ADAC-Vertragsanwalt über die Beratung hinaus tätig (erledigt er zum Beispiel den Schriftwechsel mit Versicherungen, die Anforderung von polizeilichen Ermittlungsakten, die Verteidigung in Strafprozessen etc.), erfolgt das auf Kosten des Ratsuchenden oder einer vor dem Schadensfall abgeschlossenen Rechtsschutzversicherung. Weitere Auskünfte über die Rechtsschutzleistungen des ADAC erhalten Sie unter 0 18 05/10 11 12 (48 Pfg. pro Minute) oder im Internet unter www.adac.de.

Clubmitglieder des ACE Auto Clubs Europa, die den ACE-AdvoCard-Verkehrsschutz besitzen, können sich in allen versicherten Streitigkeiten direkt einem Anwalt ihrer Wahl anvertrauen. Einzige Voraussetzung ist die Vorlage der ACE-AdvoCard.

Clubmitglieder ohne ACE-AdvoCard–Verkehrsrechtsschutz erhalten grundsätzlich Rechtsberatung in allen verkehrs- und versicherungsrechtlichen Fragen. Dafür stehen Juristen in der Rechtsabteilung der ACE-Zentrale in Stuttgart zur Verfügung.

Im Einzelfall kann Rechtshilfe für eine anwaltliche Interessenwahrnehmung durch den ACE-Vorstand gewährt werden, insbesondere in Fällen von grundsätzlicher Bedeutung für das Verkehrs- und Versicherungsrecht.

Fernmündliche und Fax-Anfragen über ACE-Info-Service kosten 12 Pfennig pro Anruf.

Telefon: ACE-Info-Service 0 18 02 / 33 66 77

Fax: ACE-Info-Service: 0 18 02 / 33 66 78 (→ siehe Anhang)

Der seit Februar 2000 als gemeinnützig anerkannte Verein BAF – Beratung und Aufklärung bei Führerscheinproblemen e.V. hat als Vereinsbeiräte u. a. verschiedene Verkehrsrechtsanwälte gewinnen können. Mit Hilfe dieser Fachleute sowie anhand der Rückmeldungen der Mitglieder wurde eine deutschlandweite Liste sachkundiger Anwälte erstellt, die insbesondere im Bezug auf die MPU über fundierte Kenntnisse verfügen. Die Liste wird ständig aktualisiert und kann angefordert werden untero:

BAF e.V. Info-Telefon: 0 88 47/ 69 79 89-0

Die falsche Rechtsberatung nach einer Autofahrt mit über 1,6 Promille im Blut durch einen Strafverteidiger ohne Verkehrsrechts- und Verkehrs-Verwaltungsrechts-Kenntnis kann viel unnötige Zeit und damit meist auch viel Geld und Ärger kosten.

Überdies sollten Sie beim ersten Gespräch mit dem Rechtsanwalt schriftlich abklären, ob er die üblichen Rechtsanwaltsgebühren (BRAGO) verlangt, die von einer eventuellen Rechtsschutzversicherung abgedeckt werden. Manche Anwälte verlangen zusätzliche Honorare neben den üblichen Gebühren, die Sie aus der eigenen Tasche bezahlen müssen.

Es gibt Aufbauseminare, deren Teilnahme nicht nur vor dem Strafgericht, sondern auch bei der Wiedererteilung der Fahrerlaubnis positiv gewertet wird. (Näheres dazu im Kapitel «Therapien, Seminare, Schulungen», Seite 96).

Das Thema Aufbauseminare sollte möglichst sofort mit einem Verkehrsrechtsanwalt oder der Fahrerlaubnisbehörde besprochen werden. Sie können sich im besten Fall einige führerscheinlose Monate ersparen.

Die Rechtsschutzversicherung

Jedem Autofahrer kann zu einer Verkehrs-Rechtsschutzversicherung nur geraten werden. Diese Versicherung wird auch von Autoclubs angeboten; teilweise erwerben Sie durch die Mitgliedschaft im Club diesen Versicherungsschutz.

Bei vielen, aber nicht allen Verkehrsrechtsschutz-Versicherungen sind der Pkw-Halter und die übrigen Familienmitglieder als Fahrer und Insassen nicht nur des eigenen Fahrzeugs, sondern auch als Fahrer fremder Autos versichert. Der Versicherungsschutz gilt eventuell auch, wenn Sie als Fußgänger, auf dem Fahrrad oder Moped, oder auch als Fahrgast in öffentlichen Verkehrsmitteln am Verkehr teilnehmen. Der Schutz erstreckt sich oft sogar auf andere Fahrer und Insassen, die das Fahrzeug mit Erlaubnis des Versicherungsnehmers nutzen. Eingeschlossen sein sollte in dieser Art Versicherung auch der Vertragsrechtsschutz bei eventuellem Ärger beim Kauf oder der Reparatur eines Autos.

Falls eine Kfz-Rechtsschutzversicherung besteht, sind die Gerichts- und Anwaltskosten auch für eine fahrlässige Promillefahrt dadurch abgedeckt. Sie sollten jedoch unbedingt bei der Versicherung nachfragen, ehrlich die Umstände des Unfalls schildern und sich eine Kostenübernahme schriftlich bestätigen lassen. Möglicherweise nimmt Ihnen der Rechtsanwalt diesen Vorgang ab.

Wenn eine Tat vorsätzlich begangen wurde und dies später auch durch das Urteil bestätigt wurde, wird die Rechtsschutzversicherung nichts bezahlen. Unfallflucht gilt immer als vorsätzliches Delikt. Sie sollten sich in diesem Fall zunächst mit dem Rechtsanwalt beraten und dann erst mit der Rechtsschutzversicherung sprechen.

Das Strafverfahren

Erst nach frühestens sechs Wochen erhält der Promillesünder einen Strafbefehl. Im Jahr 1997 war ein Strafverfahren vor dem Amtsgericht durchschnittlich nach 4,4 Monaten abgeschlossen. Verfahren, die über zwei Instanzen gehen, sind im Bundesdurchschnitt erst nach acht Monaten abgeschlossen. Die inzwischen vergangene führerscheinlose Zeit wird in der Regel berücksichtigt.

In Anbetracht der langen Verfahrensdauer können «beschleunigte Verfahren» bei eindeutiger Rechtslage auch für die Betroffenen von Vorteil sein. Dabei ist meist innerhalb von ein bis zwei Wochen mit einer Verhandlung und damit mit einem Urteil zu rechnen. Ein «beschleunigtes Verfahren» ist dann möglich, wenn etwa der Angeklagte geständig ist und keine Zeugen oder Sachverständige geladen werden müssen.

Der Angeklagte wird bereits am Tattag auf der Polizeiwache gefragt, ob er mit einem «beschleunigten Verfahren» einverstanden ist. Ein bis zwei Wochen nach der Tat erfolgt dann die Gerichtsverhandlung.

Es gibt dennoch Argumente, die gegen ein «beschleunigtes Verfahren» sprechen können. Anders als bei dem üblichen Verfahren erhält der Angeklagte vor dem Verhandlungstermin keinen Strafbefehl, in dem er in Ruhe nachlesen kann, was genau ihm vorgeworfen wird und mit welcher Geldstrafe und welcher Fahrerlaubnissperre er zu rechnen hat.

Man muß auch das Urteil eines «beschleunigten Verfahrens» keinesfalls annehmen, sondern kann dagegen Berufung einlegen. Wer das Urteil auf die Schnelle jedoch ausdrücklich annimmt, hat keinerlei Gelegenheit mehr, doch noch Einspruch zu erheben.

Während beschleunigte Verfahren Ersttätern wenig Raum für die Entscheidungsfindung lassen, ist diese Form des Prozesses für Wiederholungstäter anzuraten. Diese Angeklagten sollten bereits wissen, was sie riskierten, welche Straftat sie begangen haben und mit welchen Konsequenzen und Bestrafungen sie rechnen müssen.

Der Verlauf eines Strafverfahrens

• Der Strafbefehl

Frühestens sechs Wochen nach der Auswertung der Blutprobe und dem Abschluß der Ermittlungen erhält der Promillefahrer einen Strafbefehl. Darin wird ihm die Höhe der Geldstrafe und die Dauer der gesetzlichen Sperre bis zur Wiedererteilung der Fahrerlaubnis mitgeteilt.

Der Strafbefehl wird rechtskräftig und vollstreckbar, wenn Sie diese Sperre und die Höhe der Geldstrafe akzeptieren. Damit ist das gerichtliche Verfahren abgeschlossen.

• Einspruch gegen den Strafbefehl

Wenn Ihnen die Fahrerlaubnissperre zu lang oder die Geldstrafe zu hoch erscheint, können Sie innerhalb von zwei Wochen nach der Zustellung des Strafbefehls Einspruch dagegen erheben. Sie können auch nur gegen einen Teil des Strafbefehls – Sperre oder Geldstrafe – Einspruch erheben. Allerdings sollten Sie sich vorher ausführlich mit Ihrem Anwalt beraten.

• Gerichtsverhandlung

Der Einspruch gegen den Strafbefehl führt automatisch zu einer öffentlichen Gerichtsverhandlung, die etwa ein bis vier Monate später stattfindet.

So mancher Betroffene akzeptiert den Strafbefehl, um sich nicht einer öffentlichen Gerichtsverhandlung aussetzen zu müssen.

Trotz aller Bedenken: Bei einer Verhandlung haben Sie die Chance, strafmildernde Umstände vorzutragen. So kann etwa die freiwillige Teilnahme an einem Aufbauseminar für alkoholauffällige Kraftfahrer oder eine freiwillige verkehrspsychologische Therapie ein bis drei Monate weniger Sperre bringen.

Vor Gericht können Sie durch Darlegung Ihrer finanziellen Situation überdies möglicherweise eine niedrigere Geldstrafe erwirken.

Keine falsche Scham! Bedenken Sie: Richter und Staatsanwälte sind Menschen, die tagtäglich mit Verfehlungen zu tun haben.

• Berufung

Wenn vom Angeklagten oder der Staatsanwaltschaft innerhalb einer Woche ab Urteilsverkündung Berufung gegen das Urteil des Amtsgerichts eingelegt wird, kommt es zu einer neuen öffentlichen Gerichtsverhandlung vor der nächsthöheren Instanz, dem Landgericht. Die Verhandlung verläuft ebenso wie vor dem Amtsgericht, nur wird zu Beginn des Verfahrens das Urteil des Amtsrichters von der ersten Verhandlung verlesen.

Der Angeklagte oder dessen Anwalt kann dann stichhaltige Gründe für ein milderes Urteil vortragen. Die Staatsanwaltschaft fordert die ihr angemessen scheinende (Geld-)Strafe oder Fahrerlaubnissperre.

Am Ende dieser Berufungsverhandlung wird das Urteil verlesen. Wenn der Angeklagte und die Staatsanwaltschaft dieses Urteil akzeptieren, ist das Urteil rechtskräftig.

• Revision

Eine Revision, also ein erneuter Einspruch gegen das Urteil der Berufungsverhandlung, ist für die Staatsanwaltschaft wie für den Angeklagten innerhalb einer Woche ab Urteilsverkündung nur noch zulässig, wenn grobe rechtliche Verfahrensfehler begangen wurden oder eine Gesetzesverletzung vorliegt. Das ist etwa der Fall, wenn ein Gesetz nicht oder nicht richtig angewendet worden ist.

Weder im 1. Verfahren vor dem Amtsgericht noch im Berufungsverfahren vor dem Landgericht ist ein Anwalt rechtlich vorgeschrieben. Bei der Revision müssen Sie jedoch einen Anwalt hinzuziehen. Ich rate, sich von Anfang an von einem Verkehrsrechtsanwalt beraten zu lassen, der sich auch mit dem Verkehrs-Verwaltungsrecht (MPU) gut auskennt (siehe Anhang S. 158).

Die Anmeldung zur MPU oder zu frühzeitigen Nachschulungskursen kann erst dann erfolgen, wenn ein rechtskräftiges Urteil vorliegt und damit das Ende der Fahrerlaubnissperre festliegt. Es vergehen etwa vier bis acht Wochen, bis der Verurteilte das Urteil in den Händen hat. Es kann dann noch einmal drei Wochen dauern, bis der Termin für die MPU feststeht. Das Erstellen des schriftlichen Gutachtens kann mindestens drei Wochen in Anspruch nehmen. Es können also leicht drei Monate von der Verhandlung bis zur Vorlage eines MPU-Gutachtens bei der Fahrerlaubnisbehörde vergehen. Sie sollten diese Zeit unbedingt einrechnen, damit sich die führerscheinlose Zeit nicht unnötig verlängert.

Die Gerichtsverhandlung

Bei der Gerichtsverhandlung fragt der Richter den Angeklagten nochmals nach dem genauen Ablauf der Tat. Dabei will er vor allem wissen, wann und warum er am Tattag Alkohol getrunken hat, weshalb er kein Taxi gerufen oder sich hat abholen lassen.

Außerdem möchte er Details über die persönlichen Lebensumstände erfahren. Der Angeklagte ist vor Gericht nicht zur Aussage verpflichtet, sondern kann auch vom Aussageverweigerungsrecht Gebrauch machen. Sehr sinnvoll ist das bei den üblichen Promilleverfahren jedoch nicht. Wird dem Angeklagten der Vorwurf eines «vorsätzlichen Deliktes» gemacht, sollte er sich allerdings auf seinen Anwalt verlassen.

Der Beschuldigte sollte die Fragen des Richters aufrichtig beantworten. Vor allem aber sollte er sein ehrliches Bedauern über die Tat ausdrücken. Im günstigsten Fall kann er die schriftliche Bestätigung über den Besuch eines freiwilligen Aufbauseminars oder einer Therapie bei einem Verkehrspsychologen vorlegen. Diese Bescheinigung kann die Fahrerlaubnissperre verkürzen.

Nach der Strafforderung des Staatsanwaltes hat der Angeklagte das letzte Wort, in dem er nochmals sein Bedauern über die Tat ausdrücken sollte. Die Reue sollte ernst gemeint sein.

Ist das Urteil verkündet, haben der Angeklagte, dessen Anwalt und auch der Staatsanwalt die Möglichkeit, es ausdrücklich durch «Rechtsmittelverzicht» zu akzeptieren oder es durch Ankündigung von Berufung abzulehnen. Damit ist das gerichtliche Verfahren abgeschlossen und wird rechtskräftig. Beide Seiten können sich aber noch eine Woche «Bedenkzeit» lassen.

Der Sperrfrist-Paragraph: eine Falle für den Angeklagten

Verlassen Sie sich nicht auf ein mildes Ersturteil, sondern fragen Sie etwa eine Woche nach der ersten Verhandlung nach, ob es bei diesem Urteil bleibt oder ob die Staatsanwaltschaft Berufung eingelegt hat. Wenn Berufung eingelegt wurde, müssen Sie darauf achten, daß der Termin für die Verhandlung spätestens drei Monate vor dem Ende der Sperre des ersten Urteils stattfindet. In StGB § 69 a «Sperre für die Erteilung einer Fahrerlaubnis» heißt es in Absatz 4 ausdrücklich: «War dem Täter die Fahrerlaubnis wegen der Tat vorläufig entzogen (dies ist bei Promillestraftaten in der Regel der Fall), so verkürzt sich das Mindestmaß der Sperre um die Zeit, in der die vorläufige Entziehung wirksam war. Es darf jedoch drei Monate nicht unterschreiten.»

Das bedeutet: Sie selbst oder die Staatsanwaltschaft legen nach der 1. Verhandlung Berufung ein. Dieser 2. Verhandlungstermin findet etwa sieben Wochen vor Ende der Sperre statt, die im 1. Urteil festgelegt wurde. Wird die Berufung zurückgewiesen, dann beträgt die verbliebene Sperre dennoch nochmals mindestens drei Monate, auch wenn sie sich eigentlich durch den späten Gerichtstermin um sieben Wochen hätte verkürzen müssen.

Der Münchner Strafrechtsexperte Prof. Dr. Bernd Schünemann nennt diese Regelung «heimtückisch für Betroffene».

Auch in meinem eigenen Fall hat sich die Sperre auf diese Weise verlängert. Im Urteil der Berufungsinstanz heißt es dazu: «Die Berufung der Staatsanwaltschaft wird zurückgewiesen (…) Das Berufungsgericht war jedoch daran gehindert, es bei der ursprünglichen Sperre des Amtsgerichts zu belassen (…), weil diese Sperre auch bei erfolgloser Berufung der Staatsanwaltschaft die Dauer von drei Monaten nicht unterschreiten darf (…) Dies war nicht zu vermeiden, denn im Hinblick auf einen gewissen Gleichbehandlungsgrundsatz konnte von einer Entziehung der Fahrerlaubnis nicht abgesehen werden. Dies führte dann zu dem von der Kammer nicht gewollten Ergebnis, daß letztlich trotz der Erfolglosigkeit der Berufung der Staatsanwaltschaft die Sperrfrist für die Wiedererteilung der Fahrerlaubnis, wenn auch nicht entscheidend, verlängert wurde.»

Rechnen Sie also ein, daß vom Tattag bis zur Berufungsverhandlung üblicherweise acht bis neun Monate vergehen, wenn der Termin aus o. g. Gründen nicht vorverlegt werden kann. Eine Vorverlegung ist durch ein Gespräch mit dem Berufungsrichter manchmal möglich.

Geldstrafen und Sperrfristen

Die Dauer einer gerichtlichen Fahrerlaubnisentziehung mit Sperre nach § 69 a Strafgesetzbuch (StGB) liegt für Ersttäter bei mindestens sechs Monaten. Die Mindestsperre vor einer Aufhebung, die in Einzelfällen möglich ist, beträgt seit dem 1. Januar 1999 drei Monate. Wurde in den drei Jahren vor der neuen Tat die Fahrerlaubnis schon einmal entzogen, liegt die Mindestsperrfrist bei zwölf Monaten. Die Fahrerlaubnissperre kann bis zu einem Zeitraum von fünf Jahren oder sogar für immer verhängt werden.

Die Entziehung der Fahrerlaubnis gilt nicht als Strafe, sondern als «Maßregel der Besserung und Sicherung», auch wenn dies von den Betroffenen oft anders empfunden wird.

Die Tabelle möglicher Geldstrafen und Sperrfristen gilt für Ersttäter und ist unverbindlich

über ‰ Promille	ohne Folgen		Gefährdung/Unfall Sachen Personen		leichte/mittlere Verletzungen		Dauerfolgen schwere Folgen	
	Sperrfrist Monate	Geldstrafe Tagessatz	Sperrfrist Monate	Geldstrafe Tagessatz	Sperrfrist Monate	Geldstrafe Tagessatz	Sperrfrist Monate	Geldstrafe Tagessatz
0,5 ‰			3	30	3	40	6	55
0,8	1–3	25	6	30	7	40	9	55
1,0	8	30	9	35	10	45	12	60
1,1	10	30/35	11	45	12	50	13	60
1,3	11	35	10	40	11	50	14	65
1,5	11	40	12	45	13	55	15	70
1,8	13	40	14	45	15	55	17	70
2,0	15	45	16	50	17	60	19	75

Beispiel: Sie haben mit zwei Promille einen Unfall mit leichter Körperverletzung verursacht. Der Strafbefehl wird auf ca. 17 Monate Sperrfrist und 60 Tagessätze lauten. Bei einem monatlichen Nettoverdienst von 3000 Mark würde die Geldstrafe 6000 Mark betragen.

Bei schweren Verletzungen mit Dauerfolgen des Unfallgeschädigten: Sperrfrist, Geldstrafe + Freiheitsstrafe, die in der Regel bei einem Ersttäter zur Bewährung ausgesetzt wird.

Hat die Trunkenheitsfahrt den Tod eines Menschen verursacht: Sperrfrist, Geldstrafe + Freiheitsstrafe von mindestens 15 Monaten.

So berechnen Sie «Tagessätze»: Wenn das monatliche Nettogehalt 3000 Mark beträgt, teilen Sie diesen Verdienst durch 30 (Tage) und erhalten dann einen Tagessatz von 100 Mark. 25 Tagessätze wären dann 25×100 Mark = Geldstrafe 2500 Mark.

Die Anrechnung von Sperrfristen (§ 111 a)

Vor Gericht wird beim endgültigen Urteil in der Regel die bereits vergangene Zeit ohne Führerschein angerechnet, ohne daß dies ausdrücklich erwähnt wird. Sind seit der Promillefahrt etwa vier Monate vergangen, werden diese bei der Verhandlung abgezogen. Das heißt: Die Sperre wird minus dieser bereits vergangenen Monate verhängt. Allerdings gibt es kein Gesetz, das Ihnen diese Anrechnung garantiert.

Hier ein Beispiel:

Der Tattag war der 25. 05. 1996. Der Führerschein wurde am selben Tag von der Polizei beschlagnahmt.

Am 15. 07. 96 (rund sechs Wochen später) erließ das zuständige Amtsgericht den Beschluß, daß gemäß § 111 a Abs. 3 StPO, § § 69, 69 a StGB die Fahrerlaubnis vorläufig entzogen wird. Der Strafbefehl wurde vom Richter am 19. 08. 96, also etwa zwei Monate nach dem Tattag unterzeichnet. Darin hieß es: «Die Verwaltungsbehörde darf vor Ablauf von 14 Monaten keine neue Fahrerlaubnis erteilen.»

Vom Tattag bis zum Verkündungstermin des Strafbefehls waren knapp zwei Monate vergangen. Der Zeitraum für die Entziehung der Fahrerlaubnis hätte 16 Monate betragen, wurde aber im Strafbefehl wegen der bereits vergangenen zwei Monate auf 14 Monate verkürzt.

Entschädigung für den unberechtigten Entzug der Fahrerlaubnis

Ein Freispruch nach einer Promillefahrt ist äußerst selten. Hier ein Beispiel:

Pressespiegel:

Im Januar 1999 wurde vor dem Amtsgericht Weilheim/Obb. gegen einen 21jährigen Soldaten verhandelt. Ihm wurde vorgeworfen, daß er neun Monate zuvor nach einem Discobesuch in einem Ort namens Schongau kurz nach Mitternacht mit 1,9 Promille im Blut beim Ausparken ein Auto beschädigt und anschließend Unfallflucht begangen habe. Außerdem wurde ihm angelastet, mit diesem Promillepegel in die etwa 10 km entfernte Kreisstadt gefahren zu sein. Dort wurde er in einer Disco gestellt.

Der Angeklagte gab an, er habe in Schongau nur ein Weißbier getrunken und keinesfalls Unfallflucht begangen. Erst in Weilheim habe er mehrere Whisky getrunken.

Mehrere Zeugen bekundeten, sie hätten gesehen, daß der Angeklagte gemeinsam mit zwei Freunden die Schongauer Disco in sichtlich betrunkenem Zustand verlassen habe. Überdies bezeugten sie, daß der Angeklagte beim Ausparken das Auto beschädigt habe.

Die Gutachter des Landeskriminalamtes und ein Sachverständiger kamen allerdings zu dem Ergebnis, daß die Schäden am Fahrzeug des Angeklagten mit dem Auto des Geschädigten nicht korrespondierten. Ein Gutachter der Rechtsmedizin München schloß nicht aus, daß der Soldat auf der Fahrt nach Weilheim weniger als 0,8 Promille Alkohol im Blut hatte.

Das Weilheimer Amtsgericht mußte den Angeklagten daher freisprechen.

Wie sieht es aber aus, wenn jemand durch den unberechtigten Entzug der Fahrerlaubnis erhebliche berufliche und finanzielle Schäden erleidet?

Im «Gesetz über die Entschädigung für Strafverfolgungsmaßnahmen (StrEG) § 2» heißt es: «Wer durch den Vollzug eines Strafverfahrens (darunter fällt auch der vorläufige Entzug der Fahrerlaubnis) Schaden erlitten hat, wird aus der Staatskasse entschädigt. Die Entschädigung kann gewährt werden (...) wenn ein Verfahren zum Beispiel durch Einstellung (Freispruch) geendet hat.» Und in § 7 (StrEG) heißt es: «Gegenstand der Entschädigung ist der durch die Strafverfolgungsmaßnahme verursachte Vermögensschaden.» Laut Gesetzbuch § 8.1 StrEG «entscheidet das Gericht in dem Urteil oder in dem Beschluß, der das Verfahren abschließt» über eine Entschädigung. Lassen Sie sich in diesem Fall unbedingt von einem Rechtsanwalt vertreten.

Verkürzung der rechtskräftigen Sperrfrist

Wenn Sie etwa durch ein Aufbauseminar oder eine Kurztherapie bei anerkannten Verkehrspsychologen Ihre Eignung zum Führen von Kraftfahrzeugen bewiesen haben, kann in Ausnahmefällen die «Einstellung des Verfahrens bei Erfüllung von Auflagen und Weisungen» (§ 153a, Abs. 1, Satz 1, Nr. 6 StPO) erwirkt werden.

Die Teilnahme an solchen Aufbauseminaren oder verkehrspsychologischen Therapien kann sich überdies sehr günstig auf die Anwendung des § 69a, Abs. 7 auswirken. Darin heißt es: «Ergibt sich Grund zu der Annahme, daß der Täter zum Führen von Kraftfahrzeugen nicht mehr ungeeignet ist, so kann das Gericht die Sperre vorzeitig aufheben.» Die Aufhebung ist in besonders begründeten Einzelfällen seit 1. Januar 1999 frühestens nach 3 Monaten (statt bisher 6 Monaten) möglich.

Auch ohne Verfahrenseinstellung oder vorzeitige Sperren-Aufhebung nach drei Monaten kann eine Verkürzung ein großer Vorteil sein. Beispiel: Sie haben eine Fahrerlaubnissperre von 14 Monaten erhalten. Bleibt es dabei, kann üblicherweise erst drei Monate vor Ende der Frist die Wiedererteilung der Fahrerlaubnis und damit eine MPU beantragt werden. Sie haben aber bereits im 7. Monat der laufenden Sperre eine verkehrspsychologische Therapie oder ein entsprechendes Aufbauseminar abgeschlossen. Teilen Sie dies dem Gericht mit. Und wird daraufhin die Sperre um zwei Monate verkürzt, wäre die Gesamtsperre auf zwölf statt 14 Monate verringert. Also könnten Sie bereits ab dem 10. Monat der laufenden Sperre die erneute Fahrerlaubnis und die MPU beantragen.

Die Aufbauseminar-Modelle bieten eine frühzeitige Schulung auf freiwilliger Basis schon während des Strafverfahrens bzw. sofort nach Rechtskraft des Urteils an. Nach ihrem Abschluß haben Sie gute Chancen auf einen erfolgreichen Antrag auf Abkürzung der Sperre.

Die Kurse können von Bundesland zu Bundesland variieren. Als Beispiele solcher Aufbauseminare gelten etwa:

• Kursmodell «Mainz 77» beim TÜV in Baden-Württemberg, Rheinland-Pfalz und in Berlin;
• Kursmodell «Freyung», seit Ende 1999 bei allen TÜV-MPU-Gutachtenstellen in Bayern;
• Kursmodell «Hamburg 79» – für Bürger mit Wohnsitz in Hamburg, Bremen, Schleswig-Holstein und Berlin vom Institut für Schulungsmaßnahmen GmbH (IfS);
• Kursmodell «LEER» vom TÜV Niedersachsen, Mecklenburg-Vorpommern und Schleswig-Holstein.

Eine ausführliche Beschreibung dieser Seminare finden Sie im Kapitel «Therapien, Seminare, Schulungen» ab Seite 96, Adressen der Institute und Ansprechpartner im Anhang.

Nur etwa 30 % aller Betroffenen bekommen auf Anhieb ein positives Gutachten. Weitere rund 20 % erhalten ihre Fahrerlaubnis nach Abschluß von Schulungen und Therapien nach der MPU zurück.

Nahezu 60 % aller Begutachteten erhalten erst einmal ein negatives Gutachten. Es verlängert die führerscheinlose Zeit schnell auf sechs oder zwölf Monate – oftmals sogar auf unbestimmte Zeit.

Sie sollten sich daher frühzeitig darüber Gedanken machen, welche Maßnahmen in Ihrem persönlichen Fall nötig sein könnten, um das positive Gutachten bereits im ersten Anlauf zu bekommen.

Ausnahmen vom Fahrerlaubnisentzug

Von der Führerscheinsperre können nach § 69a II StGB bestimmte Arten von Kraftfahrzeugen (etwa landwirtschaftliche Fahrzeuge) ausgenommen werden. Entscheidend dafür ist, daß von landwirtschaftlichen Fahrzeugen eine erheblich geringere Gefährdung ausgeht als von Personen- oder Lastkraftwagen. Andere Ausnahmen, etwa eine Fahrerlaubnis für einen Personen- oder Lastkraftwagen, um den Arbeitsplatz nicht zu verlieren, sind äußerst selten und sehr schwierig zu erhalten. Natürlich können Sie mit Hilfe eines erfahrenen Anwalts alles daransetzen, eine solche Ausnahmegenehmigung zu erhalten.

Mildernde Umstände

Bis zum 29. April 1997 wurden Angeklagten von den Gerichten auch außerhalb von Straßenverkehrsstraftaten mildernde Umstände zugestanden, wenn zur Tatzeit eine Blutalkoholkonzentration (BAK) von über zwei Promille vorlag. Die Richter hatten die Möglichkeit, zugunsten des Angeklagten eine «verminderte Steuerungsfähigkeit» zuzugestehen. Die Argumentation lautete:

Der Angeklagte war so betrunken, daß er nicht mehr wußte, was er tat, und konnte deshalb ein etwas milderes Urteil vor Gericht erwarten.

Hierzu gibt es eine neue Entscheidung vom Bundesgerichtshof in Karlsruhe. Zwar ging es dabei ursprünglich um eine Körperverletzung außerhalb des Straßenverkehrs, dennoch gilt sie zukünftig auch bei Strafverfahren wegen Trunkenheit am Steuer:

Aus dem Gerichtssaal

Der Bundesgerichtshof hatte über einen Fall von gefährlicher Körperverletzung durch Messerstiche zu entscheiden. Dabei ging es um die Frage, ob der trinkgewohnte Angeklagte, der zur Tatzeit eine Blutalkoholkonzentration von 2,38 Promille hatte, in seinem Urteilsvermögen erheblich beeinträchtigt und deshalb verminderte Schuld im Sinne des § 21 StGB anzunehmen war.

Überwiegend wurde bisher davon ausgegangen, daß die Schuld eines Straftäters erheblich vermindert ist, wenn er zur Tatzeit einen Blutalkoholgehalt von mehr als zwei Promille hatte. Andere Beweiszeichen – zum Beispiel das Fehlen von Geh- oder Sprachstörungen, gutes Erinnerungsvermögen, Alkoholgewöhnung, planvolles Handeln – sollten keine maßgebliche Bedeutung haben.

Der 1. Strafsenat hat nach Anhörung von Sachverständigen einen davon abweichenden Standpunkt eingenommen. Gegen eine erheblich verminderte Schuld können unabhängig vom Blutalkoholgehalt von Fall zu Fall andere Beweisanzeichen sprechen. Weil die Steuerungsfähigkeit insbesondere bei trinkgewohnten Menschen auch noch bei hohen Blutalkoholwerten uneingeschränkt vorhanden sein kann, bedarf es der Berücksichtigung aller im Einzelfall feststellbaren Beweiszeichen, die für und gegen einen Rauschzustand sprechen.

Die Entscheidung des Bundesgerichtshofs führt dazu, daß in Zukunft nicht mehr automatisch ab zwei Promille Blutalkohol eine verminderte Steuerungsfähigkeit anzunehmen ist.

Ein weiteres Gerichtsurteil bestätigt, daß im Einzelfall mitunter sogar 4,11 Promille nicht für mildernde Umstände ausreichen:

Aus dem Gerichtssaal

Wird jemandem nachgewiesen, mit 4,11 Promille gefahren zu sein, ist damit noch lange nicht geklärt, ob er zur Tatzeit «schuldunfähig» war. Das entschieden Düsseldorfer Richter. Grund: Eine allgemein gültige «Schuldunfähigkeits-Grenze» für Betrunkene gibt es nicht. Alkoholabhängige können nach dem Konsum von gewaltigen Mengen «nüchterner» sein als Gelegenheitstrinker.

Wenn eine Schuldunfähigkeit wegen Vollrausches feststeht, wird eine Promillefahrt nicht nach dem Paragraphen «Trunkenheit im Verkehr – § 316 StGB», sondern nach dem Paragraphen «Vollrausch» abgehandelt.

Im § 323 a I StGB heißt es sinngemäß: Das Vergehen des Vollrausches (Volltrunkenheit, Rauschdelikt) begeht, wer sich vorsätzlich oder fahrlässig durch Alkohol oder andere berauschende Mittel in einen Rausch versetzt und in diesem Zustand eine rechtswidrige Tat begeht. Hätte der Täter, als er sich noch im schuldfähigen Zustand befand, damit rechnen müssen, im Rauschzustand bestimmte Straftaten zu begehen (wenn etwa ein Kraftfahrer trinkt, obgleich er noch nach Hause fahren will), so wird er wegen fahrlässiger Tatbegehung auch dann bestraft, wenn er im Augenblick der Tat nicht mehr schuldfähig oder auch nicht einmal mehr handlungsfähig war.

Für das Vergehen des «Vollrausches» ist im allgemeinen eine Freiheitsstrafe von bis zu fünf Jahren oder Geldstrafe vorgesehen.

Wird durch Gutachter festgestellt, daß der Betroffene völlig schuldunfähig war, kommt die Unterbringung in eine geschlossene Anstalt (Entziehungs- beziehungsweise Psychiatrische Anstalt) in Frage.

Unerlaubtes Entfernen vom Unfallort

Dieses Delikt wird auch Unfall- oder Fahrerflucht genannt. Es ist anzunehmen, daß von den unfallflüchtigen Verkehrsteilnehmern, die nicht ermittelt werden konnten, ein überdurchschnittlich hoher Anteil unter Alkoholeinfluß stand. 1998 begingen etwa 55 000 Fahrer Unfallflucht und wurden dabei erwischt und damit aktenkundig. Dafür drohen dem Täter sieben Punkte in Flensburg und ein bis drei Monate Fahrverbot. In schweren Fällen wird der Entzug der Fahrerlaubnis, Geldstrafe und eventuell Gefängnis verhängt.

Seit dem 1. April 1998 gilt eine neue Regelung, laut ADAC eine «goldene Brücke für Autofahrer»: Wer sich innerhalb von 24 Stunden bei der Polizei oder dem Geschädigten meldet, wird nicht mehr automatisch wegen unerlaubten Entfernens vom Unfallort belangt. Damit soll erreicht werden, daß mehr Opfer als bisher ihren Schaden ersetzt bekommen. Der Täter wird zwar immer angezeigt, doch das Gericht kann die Strafe erheblich mildern oder das Verfahren sogar ganz einstellen. Voraussetzung dafür ist allerdings, daß der Sachschaden 2000 Mark nicht überschreitet und nach dem Unfall ernsthaft versucht wurde, den Geschädigten zu benachrichtigen. Keine Gnade allerdings gibt es für Fahrerflüchtige nach Unfällen im fließenden Verkehr oder wenn Menschen verletzt wurden.

Der Deutsche Anwalt Verein (DAV) rät selbst bei vermeintlich geringem Sachschaden davon ab, sich von der Unfallstelle zu entfernen. Schließlich ist es schwierig zu beurteilen, ob sich ein Sachschaden unter 2000 Mark bewegt. Wenn sich später herausstellt, daß der Schaden doch über dieser Summe liegt, sind Geldstrafe, ein oftmals 6monatiger Fahrerlaubnisentzug und der Verlust des Versicherungsschutzes die Folgen. Die Kfz-Haftpflicht kann bei Trunkenheit in Verbindung mit Unfallflucht mit 15 000 statt 10 000 Mark in Regreß gehen.

Allgemein gilt: Je größer der Schaden, desto länger muß der Unfallverursacher am Ort des Unfallgeschehens warten. Wenn er einen geringfügigen Sachschaden, etwa beim Ein- oder Ausparken, verursacht hat, muß er etwa 15 Minuten bleiben. Taucht innerhalb dieser Zeit niemand auf, der seine Ansprüche geltend machen kann, so muß er einen Zettel hinterlassen, auf dem er Namen, Adresse, Kfz-Nummer sowie Datum und Uhrzeit angibt. Danach sollte er sofort das nächstgelegene Polizeirevier aufsuchen, um den Schaden zu melden. Ist der Täter alkoholisiert, wird das auf dem Polizeirevier allerdings sicherlich bemerkt.

Wenn bei dem Unfall Personen verletzt wurden und der ärztlichen Versorgung bedürfen, gibt es vor Gericht selbstverständlich keine Gnade für das unerlaubte Entfernen vom Unfallort.

Aus dem Gerichtssaal

Frühmorgens, übernächtigt, angetrunken und mit der «falschen Beifahrerin» (einer heimlichen Geliebten trotz bevorstehender Hochzeit) war ein 55jähriger Arzt mit dem Auto unterwegs. Er rammte ein liegengebliebenes Auto in einem Tunnel und gab Gas. Verletzt wurde dabei niemand.

Er sei in Panik geraten, sagte er vor dem Amtsgericht aus, vor dem er gegen 12 900 Mark Geldstrafe Einspruch eingelegt hatte.

Der Arzt wurde wegen Trunkenheitsfahrt, fahrlässiger Straßenverkehrsgefährdung und Unfallflucht verurteilt.

Die Geldstrafe wurde auf 9000 Mark gesenkt. Seine Fahrerlaubnis wurde für insgesamt 11 Monate gesperrt.

In nur sehr seltenen Fällen akzeptiert das Gericht das Entfernen des Unfallverursachers vom Ort des Geschehens. Hier ein Ausnahmeurteil:

Aus dem Gerichtssaal

Zu den wenigen Gründen, die ein vorzeitiges Verlassen des Unfallorts rechtfertigen können, zählen krankheitsbedingte Umstände. Das Landgericht Zweibrücken hielt einem Unfallverursacher zugute, er habe nicht rechtswidrig gehandelt, als er nach einem Unfall wegen seiner krankhaften Inkontinenz (Kontrollverlust über die Blasen- und Darmfunktion) schnell nach Hause fuhr, ohne auf die Polizei zu warten.

Die Richter gaben dem Beschuldigten die vorläufig entzogene Fahrerlaubnis zurück. Sie hielten die durch ärztliche Atteste untermauerte Argumentation für glaubwürdig, der Beschuldigte habe sofort nach dem Unfall zu Hause die Toilette aufsuchen müssen. Danach sei er mit seiner Mutter zum Unfallort zurückgekehrt; die Mutter habe dem Geschädigten dann die Personalien ihres Sohnes mitgeteilt, während dieser im Auto wartete.

Daß der junge Mann erst Stunden später selbst bei der Polizei erschienen war, änderte an der gerichtlichen Beurteilung nichts.

«Nachtrunk»-Behauptungen

Vorausgesetzt, Sie haben keinen Unfall oder Fahrfehler unter Alkoholeinfluß verursacht: Im Prinzip können Sie erst dann bestraft werden, wenn Sie während der Autofahrt einen Alkoholpegel von mehr als 0,5 Promille im Blut haben oder wenn die Alkoholmenge im Körper zu einem Pegel von mehr als 0,5 Promille führt. Deshalb behaupten viele, sie hätten erst nach dem Unfall, «auf den Schock», Alkohol zu sich genommen.

Geben Sie zu Protokoll, vor und nach der Fahrt getrunken zu haben, wird auf jeden Fall zweimal Blut abgenommen. Zwischen den beiden Proben lassen die Ärzte etwa eine halbe Stunde verstreichen.

Ungünstig ist es etwa zu behaupten, erst nach einem eventuellen Unfall oder nach einer Kontrolle «vor Schreck» eine halbe Flasche Cognac geleert zu haben. Sie müssen der Polizei und später dem MPU-Gutachter erklären, warum Sie ausgerechnet im Auto etwas Hochprozentiges aufbewahren.

Haben Sie den Cognac erst daheim getrunken? Die Polizei darf Ihre Wohnung durchsuchen. Wenn dann keine leere oder halbleere Cognacflasche gefunden wird, sind Sie der falschen «Nachtrunkbehauptung» (siehe folgendes Urteil) überführt.

Die Rechtsmedizin ist in der Lage, anhand der Blutprobe festzustellen, wann und welche Sorte Alkohol getrunken wurde. Man kann auch eindeutig feststellen, ob der Alkohol im Körper bereits abgebaut wurde oder ob die Alkoholkurve erst anstieg.

Versuchen Sie also auf keinen Fall, Ihre Lage mit einer falschen Nachtrunkbehauptung zu verbessern. Das kann auch nachteilige versicherungsrechtliche Konsequenzen haben.

Aus dem Gerichtssaal

Ein nach einem Unfall betrunken angetroffener Kraftfahrer trägt für die Behauptung, er sei zum Unfallzeitpunkt noch nüchtern gewesen, die Beweislast. Gelingt es ihm nicht, den «Nachtrunk» glaubhaft zu machen, verliert er auch seinen Versicherungsschutz, entschied das Kammergericht Berlin.

In dem einschlägigen Fall war ein Mopedfahrer nachts

auf völlig gerader Strecke von der Fahrbahn abgekommen – angeblich, weil ihm ein Ast in ein Rad geraten sei und dieses blockiert hätte. Seinen hohen Alkoholpegel erklärte er später mit einer erst nach dem Unfall geleerten Flasche Whisky.

Vieles kam den Richtern seltsam vor: Wenn das der Wahrheit entsprochen hätte, hätte die angeblich in einem leichten Nylonbeutel mitgeführte Flasche den schweren Unfall unbeschadet überstanden haben müssen. Überdies hätte der schwerverletzte und durch den Unfall halbseitig gelähmte Mann in der Lage gewesen sein müssen, die geschlossene Flasche zu öffnen und aus ihr zu trinken. Schließlich hatten die Polizisten am Unfallort trotz intensiver Suche keine leere Flasche gefunden.

Damit war für das Gericht klar: Der Mopedfahrer stand bereits bei dem Unfall unter Alkoholeinfluß. Seine Angaben bei den Behörden und vor allem gegenüber seiner Unfallversicherung waren also falsch. Damit erlosch die Zahlungspflicht des Unfallversicherers. Zusätzlich zu seinen schweren Unfallverletzungen mußte der Betroffene auf die Versicherungssumme verzichten.

Straftaten mit dem Kraftfahrzeug

Die Fahrerlaubnis wird auch denjenigen entzogen, die ihr Kraftfahrzeug für eine Straftat oder gar als Waffe mißbrauchen. Eine solche Straftat liegt eventuell bereits bei Aggression am Steuer vor oder wenn jemand eine andere Person mutwillig mit dem Auto verletzt oder dies auch nur versucht.

Entzogen wird der Führerschein ebenso, wenn der Beschuldigte etwa einen Unfall mutwillig herbeiführt, um die Versicherungssumme zu kassieren, wenn er ein Auto als gestohlen meldet etc. Auch der Transport von Diebesgut, illegalen Drogen, die

Flucht im Auto nach einer begangenen Straftat oder Sexualstraftaten im Auto selbst können zum Entzug des Führerscheins führen.

Hierzu zwei Beispiele, die die Gesetzeslage illustrieren:

Aus dem Gerichtssaal

Ein 31jähriger hatte in einem Baumarkt Waren im Wert von etwa 50 Mark gestohlen. Dabei war er von zwei Angestellten des Baumarktes beobachtet worden, die den Ladendieb auf den Parkplatz verfolgten. Als sie ihn aufhalten wollten, gab er mit seinem Lieferwagen Vollgas und versuchte, die Baumarkt-Mitarbeiter umzufahren, «um sich der Strafverfolgung zu entziehen», wie der Richter feststellte. Der Angeklagte war bereits erheblich vorbestraft.

Das Urteil: 16 Monate Freiheitsstrafe auf Bewährung, 4000 Mark Geldstrafe und 18 Monate Sperre der Fahrerlaubnis.

Auch das «Schleusen» illegaler Einwanderer wird mit Fahrerlaubnissperren geahndet:

Aus dem Gerichtssaal

Ein «Schleuser», der Ausländer illegal nach Deutschland bringen wollte, war auf der Autobahn München–Salzburg aufgefallen, weil er alle Tempolimits mißachtet hatte. Daraufhin wurde er von der Polizei gestoppt. In dem vom Fahrer gemieteten Auto befanden sich fünf Männer aus unterschiedlichen Herkunftsländern. Die «Fahrgemeinschaft» kam aus Österreich, wo die fünf in einem «Caritas»-Heim Quartier bezogen hatten.

Der Angeklagte sagte aus: «Ich hatte einen Freund in diesem Heim besucht. Als ich heimfahren wollte, fragten mich die fünf Männer, ob ich sie mitnehmen könne.»

Dieser Behauptung schenkte der Richter keinen Glauben. Später gab der Angeklagte zu, daß er pro Mann 400 Mark für den Transport erhalten habe. Das Urteil: 16 Monate Gefängnis auf Bewährung und 18 Monate Fahrerlaubnissperre.

Die «isolierte Sperre»: Fahrverbot für Führerscheinlose

Wer keinen Führerschein besitzt und meint, er käme nach einer Verkehrsstraftat ohne Sperre «ungeschoren» davon, weil ihm eine nicht vorhandene Fahrerlaubnis nicht entzogen werden könne, der irrt. In diesen Fällen wird eine sogenannte isolierte Sperre (§ 69 a I 3 StGB) verhängt. Jährlich werden immerhin 25 000 bis 30 000 «isolierte Sperren» von den deutschen Gerichten ausgesprochen. Sie werden etwa Jugendlichen auferlegt, die noch keine Fahrerlaubnis haben und trotzdem ein Auto fahren, oder dem Täter wurde die Fahrerlaubnis entzogen, und er fährt ohne Fahrerlaubnis weiter.

Eine «isolierte Sperre» bedeutet konkret: Die Beantragung einer Fahrerlaubnis ist frühestens drei Monate vor Ende der Frist möglich. Die Fahrerlaubnisbehörde wird außerdem sehr sorgfältig den Grund für die Sperre überprüfen und in vielen Fällen eine MPU vor der Erteilung der Fahrerlaubnis fordern.

Promillefahrten jugendlicher Fahranfänger

Jugendliche Führerscheinneulinge gelten als größte Risikogruppe im Straßenverkehr, denn sie sind überdurchschnittlich häufig in Unfälle verwickelt. Diese Altersklasse stellt zwar nur ungefähr 11 Prozent der Führerscheininhaber, verursacht aber ein Viertel aller Verkehrsunfälle und ist für 30 % aller Alkoholunfälle verantwortlich.

Unfälle von 18–24jährigen im Jahr 1998:

Getötete aller Altersgruppen	7792
Getötete Jugendliche zwischen 18 und 24 Jahren	1724
= 23 % aller getöteten Verkehrsteilnehmer	
Verletzte aller Altersgruppen	497319
davon verletzte Jugendliche	109219
= ca. 20 % aller verletzten Verkehrsteilnehmer	
jugendliche Verunglückte insgesamt:	110943

(QUELLE: STATISTISCHES BUNDESAMT, WIESBADEN)

In einer Presseinformation der Deutschen Verkehrswacht 1998 heißt es: «Den Traum von Freiheit, Mobilität und Abenteuer bezahlen viele junge Autofahrer mit dem Leben. Unfallverursacher sind meist junge Männer, die durch aggressives Fahren Eindruck schinden wollen. Junge Fahrer werden zum Opfer von Selbstüberschätzung und Risikoverhalten. Auch hier wieder ein ‹Frauenbonus›: Nur 14 % dieser Unfälle gehen auf junge Fahrerinnen zurück.»

Führerscheinneulinge, die während der zweijährigen Probezeit durch Verkehrsverstöße auffallen, müssen deshalb seit dem 1. Januar 1999 «nachsitzen». Die Probezeit verlängert sich nach einem schweren (= sogenanntes «A-Delikt») oder zwei leichteren Verstößen (= sogenannte «B-Delikte») von zwei auf vier Jahre. Alkohol am Steuer zählt zu den schwerwiegenden Verstößen: 0,5–0,79 ‰ im Blut ergeben 2 Punkte bzw. ein A-Delikt, 0,8–1,09 ‰ entsprechen 4 Punkten, also ebenfalls einem A-Delikt.

Werden während der verlängerten Probezeit weitere Verstöße aktenkundig, so ist zunächst eine verkehrspsychologische Beratung fällig (nähere Auskünfte erhält man bei der Fahrerlaubnisbehörde). Wirkt auch diese Beratung nicht, wird der Führerschein wegen «Zweifeln an der Eignung zum Führen von Kraftfahrzeugen» entzogen. In diesem Fall ordnet die Fahrerlaubnisbehörde eine medizinisch-psychologische Untersuchung (MPU) an. Beim Kraftfahrtbundesamt in Flensburg wird neben der allgemeinen «Sünderkartei» ein spezielles Register für Fahranfänger für die Probezeit plus einem Jahr geführt. Bei entsprechenden Eintragungen wird die zuständige Fahrerlaubnisbehörde informiert, die dann weitere Maßnahmen in die Wege leitet.

Verlängerung der Probezeit

Bei Ordnungswidrigkeiten unter 80 Mark Bußgeld erfolgt keine Verlängerung der Probezeit; es gibt keine Punkte und kein Aufbauseminar, selbst dann nicht, wenn Sie davon gleich mehrere angesammelt haben sollten.

Einen Überblick über alle Verstöße, ihre Kategorien und wie viele Punkte in Flensburg Sie dafür erhalten, finden sie im Anhang unter der Überschrift «Punkte und Geldstrafen».

Der jeweilige Verstoß muß rechtskräftig durch einen Strafbefehl oder einen Bußgeldbescheid festgestellt werden, bevor die Fahrerlaubnisbehörde Maßnahmen anordnen kann.

Aufbauseminare für Fahranfänger

Fahranfänger, die während ihrer Probezeit eine Straftat der Kategorie A oder 2 Ordnungswidrigkeiten der Kategorie B begehen, müssen ein Aufbauseminar absolvieren.

Aufbauseminare werden von Fahrlehrern mit einer speziellen Zusatzbefähigung durchgeführt. In 4 mal 135 Minuten Gruppendiskussion und einer zusätzlichen Fahrprobe wird das Fehlverhalten ergründet, das zur Verkehrsauffälligkeit geführt hat.

Handelt es sich bei der Zuwiderhandlung um ein Alkohol- oder Drogendelikt, ist ein «Besonderes Aufbauseminar» zu besuchen, das von einem fachkundigen Psychologen geleitet wird. In einem Vorgespräch (ca. zwei Stunden) und drei mal drei Stunden Gruppenarbeit werden auf die Person bezogene, angepaßte Verhaltensweisen entwickelt und erprobt, um Trink- oder Konsumgewohnheiten zu ändern sowie den Rauschmittelgenuß und das Autofahren in Zukunft zuverlässig zu trennen. Die Kurse nennen sich bei der AFN «ALFA», oder auch «NAFA» bei DEKRA, IfS oder TÜV.

Eine empfehlenswerte Adresse ist die AFN, die Gesellschaft für Ausbildung, Fortbildung und Nachschulung e. V. Sie bietet nicht nur bundesweit Programme an, sondern verfügt auch über ein umfangreiches Angebot von Beratungen, Aufbauseminaren und Therapiemaßnahmen vor und nach der MPU. Unter Telefon 02 21-41 33 11 oder 01 80-2 31 94 94 (zum Ortstarif sowie im Internet unter www.afn.de) kann man Termine und Kosten in Erfahrung bringen (andere Adressen und Ansprechpartner siehe auch Liste mit Adressen im Anhang).

Die Führerscheinstellen nennen Adressen von Fahrschulen und Organisationen (neben IfS, Dekra, TÜV etc. auch freie Verkehrsfachpsychologen), die Aufbauseminare anbieten.

Aufbauseminare kosten etwa 350 bis 600 Mark. Wird das Aufbauseminar nicht absolviert, folgt der Entzug der Fahrerlaubnis, beziehungsweise wird der Antrag auf Neuerteilung dem Betroffenen versagt, wie das folgende Beispiel zeigt:

Aus dem Gerichtssaal

Der Inhaber eines Führerscheins auf Probe war von der Behörde wegen mehrerer Verkehrsverstöße zur Nachschulung geladen worden, hatte darauf aber nicht reagiert. Erst als ihm die Fahrerlaubnis entzogen werden sollte, machte er eine Reihe von Gründen geltend, aus denen er nicht an den Schulungen teilgenommen habe.

Damit hatte er vor dem Verwaltungsgericht jedoch keinen Erfolg: Weil der Betroffene die Anordnung nicht befolgt habe, sei die Behörde von Gesetzes wegen zum Entzug der Fahrerlaubnis verpflichtet gewesen. Auch sein Einwand, er besitze nicht das für den Kurs erforderliche Geld, ließ das Gericht nicht gelten. Diese Kosten mute das Gesetzbuch einem Kraftfahrer ebenso zu wie andere Kosten, die für die Verkehrssicherheit zu zahlen seien.

Als Konsequenz bleibe nur der Entzug der Fahrerlaubnis. Um sie wiederzubekommen, könne der Betroffene ja einen Nachschulungskurs absolvieren.

Strafrechtliche Bestimmungen während der Probezeit

Wenn Sie innerhalb der zweijährigen Führerscheinprobezeit mit Alkohol am Steuer auffallen, hat das folgende Konsequenzen:

- **ab 0,3 ‰ mit alkoholtypischen Fahrfehlern oder Unfall**
  folgt der Entzug der Fahrerlaubnis für mindestens drei bzw. sechs Monate oder länger. Zusätzlich muß ein Aufbauseminar absolviert werden, zum Beispiel «ALFA» oder «NAFA» für alkohol- oder drogenauffällige Fahranfänger.
  Die Probezeit verlängert sich von zwei auf vier Jahre.

- **0,5 bis 0,79 Promille ohne alkoholtypische Fahrfehler oder Unfall**
  ziehen zwei Punkte in Flensburg und 200 Mark Geldbuße nach sich. Bisher (Stand März 2000) droht noch kein Fahrverbot.
  Auch hier ist laut der neuen Fahrerlaubnisverordnung nach § 36 ein besonderes Aufbauseminar vorgeschrieben. Die Probezeit verlängert sich von zwei auf vier Jahre.
- **0,8 bis 1,09 Promille ohne alkoholtypische Fahrfehler oder Unfall**
  werden mit einem Fahrverbot zwischen einem und drei Monaten, vier Punkten in Flensburg, 500 Mark bis maximal 3000 Mark Geldbuße geahndet. Der Verkehrssünder muß an einem besonderen Aufbauseminar für alkoholauffällige Fahranfänger teilnehmen. Tut er das nicht, erlischt die Fahrerlaubnis. Die Probezeit wird von zwei auf vier Jahre verlängert.
- **1,1 Promille auch ohne alkoholtypische Fahrfehler oder Unfall**
  haben den Entzug der Fahrerlaubnis für mindestens drei beziehungsweise sechs Monate oder länger zur Folge; es drohen eine Freiheitsstrafe bis zu einem Jahr oder eine Geldstrafe. Eine neue Fahrerlaubnis kann erst nach der Teilnahme an einem besonderen Aufbauseminar für alkoholauffällige Fahranfänger erteilt werden.
- **Ab 1,6 Promille**
  muß die Fahrerlaubnisbehörde vor Neuerteilung der Fahrerlaubnis ein medizinisch-psychologisches Gutachten fordern. Jetzt ist ein Aufbauseminar unbedingt zu empfehlen.

Im strafrechtlichen Sinn sind Jugendliche Personen von mindestens 14, aber noch nicht 18 Jahren. Jugendliche sind strafrechtlich dann verantwortlich, wenn sie zur Tatzeit nach ihrer sittlichen und geistigen Entwicklung reif genug sind, das Unrecht der Tat einzusehen. Ein Heranwachsender ist, wer zur Tatzeit zwischen 18 und 21 Jahre alt ist.

Das Jugendstrafrecht stellt nicht die Bestrafung, sondern die Erziehung in den Vordergrund. Daher hat ein Jugendrichter in seinen Urteilen wesentlich mehr Spielraum und kann etwa statt Freiheitsstrafen gemeinnützige Arbeit anordnen. Auch das Jugendstrafrecht schützt allerdings keinesfalls vor einer Fahrerlaubnissperre.

Gerade Fahranfänger sollten besser über die Gefahren von Alkohol im Straßenverkehr aufgeklärt werden. Fahrschülern sollten alle strafrechtlichen, arbeitsrechtlichen, verwaltungsrechtlichen und versicherungsrechtlichen Konsequenzen geschildert werden.

In Österreich gilt seit einigen Jahren für Fahranfänger während der Probezeit die 0,1 Promille-Grenze, die schon durch den Genuß von alkoholfreiem Bier oder Fruchtsäften erreicht werden kann. Praktisch stellt diese Regelung ein Alkoholverbot am Steuer dar. Man hat in Österreich bereits gute Erfahrungen mit dieser Regelung gemacht.

Mit einer derart strengen Promillegrenze würden sich schon Fahranfänger daran gewöhnen müssen, daß Autofahren immer 0,0 Promille bedeutet.

Wer zahlt nach einem Unfall?

Die Kfz-Haftpflichtversicherung

Wenn Ihre Alkoholfahrt mit einem Unfall oder einer Schädigung Dritter verbunden ist, müssen Sie Ihrer Kfz-Haftpflichtversicherung diesen Schaden umgehend melden. Die Telefonnummer steht in den Versicherungsunterlagen. Viele Versicherungsunternehmen fordern vom Unfallfahrer anteilig bis zu 5000 Mark des Schadens, wenn die Schadenmeldung nicht innerhalb kürzester Zeit, spätestens aber nach sieben Tagen, bei der Versicherung eingeht.

Daraufhin bekommen Sie eine Schadenmeldung zugeschickt, die Sie ehrlich ausfüllen müssen. Darin wird ausdrücklich nach dem Blutalkoholgehalt gefragt. Sie müssen hier den Wert angeben, den die Polizei mit dem Testgerät ermittelt hat, solange noch keine Auswertung der Blutalkoholkonzentration (BAK) vorliegt. Da die Versicherung berechtigt ist, die Akten einzusehen, sollten Sie auf keinen Fall falsche Werte angeben.

Die Versicherung kann dem Unfallverursacher bis zu 10 000 Mark des Schadens in Rechnung stellen.

Das bedeutet: Die Versicherung bezahlt zunächst den dem Unfallgegner entstandenen Schaden in voller Höhe und fordert dann Regreß.

In einigen Fällen können die Regreßforderungen der Kfz-Haftpflichtversicherung sogar höher ausfallen, wie nachfolgendes Urteil zeigt:

Begeht ein Autofahrer einen Vertragsverstoß («Obliegen-heitsverletzung»), kann seine Haftpflichtversicherung bei ihm nach der Regulierung des Schadens Regreß nehmen. Normalerweise ist der Betrag dafür auf 10 000 Mark begrenzt, etwa bei Trunkenheit oder Unfallflucht.

Das Landgericht Aachen entschied jedoch, daß Tatbestände «zusammengezählt» werden können. Im vorliegenden Fall hatte ein Autofahrer betrunken einen Unfall verursacht und dann auch noch Fahrerflucht begangen. Er mußte seiner Haftpflicht 15 000 Mark erstatten.

Meist wird dem Regreßpflichtigen eine Ratenzahlung gewährt, die den persönlichen finanziellen Verhältnissen angepaßt ist. Wenn Sie Ihr Auto während der Fahrerlaubnissperre erst einmal stillegen, sollten Sie sich bei Ihrer Kfz-Haftpflichtversicherung oder Ihrem Versicherungsagenten erkundigen, ob Ihr Schadenfreiheitsrabatt zurückgestuft wird. Dies gilt vor allem, wenn die Sperre sehr lang ist.

Die Kaskoversicherung

Eine Teil- oder Vollkaskoversicherung wird ab 1,1 Promille (Straftat) kaum für den Schaden am eigenen Auto aufkommen.

Ab 1,1 Promille stuft die Rechtssprechung den Alkoholeinfluß eines Fahrers als «grob fahrlässig» ein. Der Versicherungsschutz kann allerdings auch bei erheblich weniger als 1,1 Promille hinfällig sein, wenn ein Gutachter den Promillespiegel als alleinige oder hauptsächliche Unfallursache einschätzt. Dann kann der Versicherungsschutz schon ab 0,3 Promille entfallen.

Aus dem Gerichtssaal

Ein 51jähriger verursachte mit 2,55 Promille einen Unfall in seinem geleasten und Vollkasko-versicherten italienischen

Sportwagen. Ein Schaden war lediglich an seinem Fahrzeug entstanden. Der Fahrer hat zusätzlich zu Geldstrafe, Sperrfrist und positiver MPU als Voraussetzung zur Neuerteilung der Fahrerlaubnis auch noch den Schaden an seinem Fahrzeug in Höhe von ca. 50 000 Mark selbst zu tragen.

Noch eindeutiger sieht es für die Kaskoversicherung aus, wenn auch noch Unfallflucht begangen wurde:

Aus dem Gerichtssaal

Wer mit einem vom Arbeitgeber zur Dauernutzung überlassenen und kaskoversicherten Firmenwagen unterwegs ist, gilt versicherungstechnisch als dessen Repräsentant. Verletzt dieser seine Aufklärungsobliegenheiten, indem er sich unerlaubt vom Unfallort entfernt, hat der Versicherungsnehmer, in diesem Fall also der Arbeitgeber, für dessen Verhalten einzustehen, als wäre es sein eigenes. Die Kaskoversicherung muß bei Unfallflucht nicht zahlen.

Im konkreten Fall hatte ein Prokurist von seinem Arbeitgeber ein Auto zur dienstlichen und privaten Nutzung erhalten. Bei einem Unfall wurde das Fahrzeug schwer beschädigt. Als die Polizei eintraf, hatte sich der Mann vom Unfallort entfernt. Er tauchte erst 12 Stunden später bei der Polizei auf, um den Unfall zu melden.

Die Kaskoversicherung weigerte sich, den Schaden am Firmenwagen, rund 37 000 Mark, zu ersetzen, und der Bundesgerichtshof gab der Versicherung recht.

Krankenkassen und Unfallversicherungen

Bei einem Unfall unter Alkoholeinfluß, aber auch bei alkoholbedingten Krankheiten, müssen die gesetzlichen oder Ersatzkrankenkassen auf jeden Fall für entstehende Kosten wie Arztkosten,

Medikamente oder Krankenhausaufenthalte aufkommen. Probleme kann es lediglich bei der Gewährung von Krankengeld geben. Beraten Sie sich vorsichtshalber mit Ihrem Anwalt. Private Krankenkassen zahlen allerdings nicht für Suchtentwöhnungsmaßnahmen.

Prinzipiell gilt: Beim Neuabschluß einer privaten Krankenversicherung dürfen Sie keine auch noch so geringfügigen Beschwerden verschweigen. Dies gilt besonders für eine bereits ärztlich festgestellte Suchterkrankung (z. B. Alkoholismus) und nach Entgiftungs- oder Entwöhnungstherapien. Sie werden dann entweder abgelehnt oder mit einem Risikozuschlag belastet. Wenn eine Suchterkrankung schon sehr lange zurückliegt, können Sie versuchen, den Risikozuschlag zeitlich (etwa auf drei oder fünf Jahre) zu begrenzen. Haben Sie beim Neuabschluß einer privaten Krankenversicherung eine nachweislich bereits vorhandene Sucht verschwiegen und verursachen Sie dann aufgrund dieser Sucht einen Unfall, werden keinerlei Kosten übernommen. Sie verlieren den Versicherungsschutz und bleiben im schlimmsten Fall auf den Behandlungskosten sitzen.

Haben Sie eine private Krankenversicherung bereits vor längerer Zeit abgeschlossen, und hat sich die Suchtkrankheit nachweislich erst danach eingestellt, muß die private Krankenkasse dagegen die gesamten Kosten für Folgeerkrankungen oder Unfallverletzungen bezahlen.

Bei der gesetzlichen Unfallversicherung müssen Sie sogar mit einer Aufhebung des Versicherungsschutzes rechnen, wenn Sie unter Alkoholeinfluß einen Unfall verursachen. Dazu ein Urteil:

Aus dem Gerichtssaal

Ein Drucker war auf dem Rückweg von seinem früheren Arbeitgeber, bei dem er seine Papiere abgeholt hatte, an einer übersichtlichen Kreuzung in den Anhänger eines von links kommenden Lastwagens gefahren. Die Polizei stellte keine Bremsspuren fest, die Blutprobe ergab 1,82 Promille.

Unter diesen Umständen sei der Alkohol als «allein wesentliche Unfallursache» anzusehen, meinten die Richter. Daß der Lkw-Fahrer die Vorfahrt mißachtet hatte, trete vor diesem Hintergrund zurück. Deshalb müsse die Berufsgenossenschaft den Unfall nicht als Wegeunfall entschädigen.

Alkohol am Steuer ist kein absoluter Hindernisgrund für Rente oder Entschädigung. Nach einer Grundsatzentscheidung von 1960 müssen die Gerichte abwägen, ob der Unfall auch passiert wäre, wenn der Fahrer nüchtern gewesen wäre. Der Bundesgerichtshof nimmt ab 1,1 Promille «absolute Fahruntüchtigkeit» an. Ist der Fahrer «absolut fahruntüchtig», liegt daher die Vermutung nahe, daß dies auch die «allein wesentliche Unfallursache» ist.

Wenn Sie bei einem Promilleunfall verletzt wurden, gehen Sie wahrscheinlich auch bei der privaten Unfallversicherung leer aus. Bei der Unfallversicherung kommt es nicht auf eine bestimmte Promillezahl an. Wer selbstverschuldet und betrunken einen Unfall erleidet, muß damit rechnen, daß die Versicherung den Schutz versagt. Ausschlaggebend sind aber immer die Umstände des Einzelfalls.

Versicherungsschutz für Beifahrer

Wer sich als Beifahrer wissentlich zu einem betrunkenen (oder unter Drogen stehenden) Fahrer ins Auto setzt und nach einem Unfall Anspruch auf Schadenersatz oder Schmerzensgeld erhebt, muß damit rechnen, daß die Kfz-Haftpflichtversicherung des Verursachers einen Teil der dem verletzten Beifahrer zustehenden Summe abzieht. Sie bekommen eine Teilschuld zugespro-

chen, wenn Sie mit einem nicht mehr fahrtüchtigen Fahrer mit-
fahren.

Auch in diesem Fall sollten Sie jedoch einen Verkehrsrechtsanwalt konsultieren, der dann Akteneinsicht nehmen kann. Darin
befindet sich u. a. ein ärztliches Blutabnahmeprotokoll. Wenn in
diesem Protokoll steht, daß der betrunkene Fahrer trotz eines hohen Promillespiegels kaum merkliche Ausfallerscheinungen
hatte, kann dem Beifahrer, also Ihnen, eine Alkoholisierung des
Fahrers entgangen sein. Das gilt natürlich nicht, wenn Sie gemeinsam mit dem Fahrer gezecht haben. Wenn Sie als Bei- oder
Mitfahrer in alkoholisiertem Zustand für einen Unfall verantwortlich sein sollten, weil Sie etwa den Fahrer erheblich gestört,
abgelenkt oder ihm gar ins Steuer gegriffen haben, ist jeglicher
Versicherungsschutz für Sie als den verursachenden Beifahrer dahin.

Tod bei Promilleunfall:
Ansprüche der Hinterbliebenen

Wird jemand durch einen selbstverschuldeten Alkoholunfall ge-
tötet, kann es passieren, daß die Hinterbliebenen keine oder nur
eine verminderte Rente bekommen. Dazu ein Urteil:

Aus dem Gerichtssaal

Kommt ein Beschäftigter auf dem Heimweg von der Arbeit bei einem Unfall unter Alkoholeinfluß ums Leben,
haben die Hinterbliebenen keinen Anspruch auf Witwen-
und Waisenrente aus der gesetzlichen Unfallversicherung.
Dies entschied das Bundessozialgericht in Kassel.

Die Richter wiesen damit in letzter Instanz die Klage
der Witwe eines Schiffsführers aus Rostock ab, der in der
Silvesternacht des Jahres 1993 zusammen mit Arbeitskol-
legen auf dem im Hafen liegenden Schiff mit viel Sekt auf

das neue Jahr angestoßen und anschließend einen tödlichen Unfall hatte. Der Mann hatte dabei laut Untersuchung eine Blutalkoholkonzentration (BAK) von 2,44 ‰.

Daraufhin lehnte die Seeunfallversicherung die Rentengewährung an die Hinterbliebenen mit der Begründung ab, der Alkoholeinfluß allein sei die Unfallursache gewesen.

Dieses Urteil hätte sicher nicht anders ausgesehen, wenn der tödliche Unfall am Arbeitsplatz an Land oder im Straßenverkehr auf dem Weg von oder zur Arbeit passiert wäre. Bedingung für diese Argumentation ist immer, daß die Alkoholisierung als wesentliche Unfallursache bewiesen ist.

Beim Neuabschluß einer Lebensversicherung dürfen Sie schwere Erkrankungen nicht verschweigen. Dies gilt besonders für bereits ärztlich festgestellte Suchterkrankungen (z. B. Alkoholismus) oder gar nach Entgiftungs- oder Entwöhnungstherapien. Bei einem Unfall, der unter Einfluß von Alkohol verursacht wurde, stehen die Chancen für die Angehörigen des getöteten Fahrers auf eine Entschädigung durch eine private Lebensversicherung daher schlecht.

Konkret bedeutet das, daß bisher einbehaltene Beiträge zwar wieder ausbezahlt werden, wenn schon lange genug eingezahlt wurde, aber es keinerlei sonstige Leistungen gibt.

Versicherungsschutz bei geringfügiger Alkoholisierung

Es gibt sehr viele Fälle, in denen Versicherungen nichts oder nur Teilbeträge bezahlen müssen, wenn Alkohol beim Unfall im Spiel war. Wenn allerdings eine Versicherung umgekehrt versucht, dem Versicherten Alkoholkonsum zu unterstellen, obwohl dieser nachweislich nicht stattgefunden hat, kann auch sie belangt werden:

Aus dem Gerichtssaal

Einen Denkzettel verpaßte das Oberlandesgericht Nürnberg einer Versicherung, die einem schwerverletzten Unfallopfer jahrelang das berechtigte Schmerzensgeld verweigert hatte. Weil die Prozeßführung des Versicherungsunternehmens für den Kläger eine «weitere seelische Beeinträchtigung» bedeutet habe, erhöhte das Oberlandesgericht (OLG) im Berufungsverfahren die in erster Instanz zugesprochene Schmerzensgeldsumme von 95 000 auf 150 000 Mark.

In dem Urteil erhoben die Richter schwere Vorwürfe gegen die Versicherung: Sie habe das lebenslang geschädigte Opfer durch ihr Regulierungsverhalten «über Jahre im Ungewissen gehalten» und es ihm verwehrt, sich rechtzeitig einen finanziellen Ausgleich für die massive Beeinträchtigung seines körperlichen und seelischen Wohlbefindens zu verschaffen.

Der geschädigte Kläger habe es als besonders herabwürdigend empfinden müssen, daß die Versicherung grundlos behauptet hatte, sein Alkoholpegel bei dem Unfall habe 0,5 bis 0,8 Promille betragen. Der ärztliche Befund hatte dagegen nur 0,01 bis 0,03 Promille ergeben. Dieses Verhalten erfordere eine «zusätzliche Genugtuung» für den Geschädigten, die von den Richtern auf 55 000 Mark festgesetzt wurde.

Berufliche und finanzielle Folgen

Am Arbeitsplatz

Am Arbeitsplatz kann eine Promillefahrt besonders unangenehme Konsequenzen haben – nicht nur für Berufskraftfahrer: Wenn Sie durch einen selbstverschuldeten Promille-Unfall vorübergehend arbeitsunfähig werden, verlieren Sie den Anspruch auf Lohnfortzahlung.

Dies gilt übrigens nicht nur für Unfälle mit einem Auto, sondern generell für alle Arbeits- oder Wegeunfälle unter Alkoholeinfluß, vor allem dann, wenn festgestellt wird, daß er die Hauptursache des Unfalles war.

Anspruch auf Lohnfortzahlung haben Sie laut Gesetz nur, «wenn eine unverschuldete Arbeitsunfähigkeit» besteht. Ein Unfall im betrunkenen Zustand gilt jedoch immer als selbst verschuldet.

Laut Bürgerlichem Gesetzbuch (BGB), Paragraph 626, darf der Arbeitgeber dem Arbeitnehmer nach einer Promillefahrt im Prinzip sogar kündigen. Abgesehen davon, daß rund 13 Millionen aller Erwerbstätigen zur Ausübung ihres Berufes einen Führerschein brauchen (Kraftfahrer, Vertreter etc.), kann der Arbeitgeber auch dann fristlos kündigen, wenn der Arbeitnehmer den Führerschein nicht unbedingt für die Ausübung der Arbeit benötigt. Wenn Sie Ihre Fahrerlaubnis verloren oder ein Fahrverbot haben, egal, ob die Trunkenheitsfahrt während der Ausübung der beruflichen Tätigkeit oder während der Freizeit stattfand, ist der Arbeitgeber sogar verpflichtet, den Kündigungsgrund im Zeugnis und in der schriftlichen Entlassung zu nennen. Tut er dies nicht, kann ihn ein neuer Arbeitgeber auf Schadenersatz verklagen, wenn dem neuen Betrieb Nachteile durch eine erneute Promillefahrt des Arbeitnehmers entstehen.

Je höher Ihr persönliches Ansehen am Arbeitsplatz ist, desto bessere Chancen haben Sie natürlich, daß Sie nicht entlassen werden. Eventuell können Sie nach einem Führerscheinverlust vorübergehend etwa in den Innendienst versetzt werden. Dies dürfte aber nur für einmalige «Ausrutscher» gelten und sicher auch nur dann, wenn im Betrieb Ihre Persönlichkeit und bisher tadellose Arbeitsweise geschätzt werden.

Wer alkoholkrank ist, darf allerdings vom Arbeitgeber nicht gekündigt werden. Aber: Auch Alkoholkranke können unter Umständen nach einem Rückfall eine Kündigung erhalten. Sie sollten sich in diesem Fall ausführlich mit dem Arzt, der Krankenkasse und mit dem Anwalt beraten.

Das Arbeitsamt sanktioniert den Promillesünder zusätzlich: Arbeitsplatzverlust durch eine Trunkenheitsfahrt stuft die Behörde als «grob fahrlässig» ein, ebenso wie viele Versicherungen. Der Betroffene bekommt deshalb vom Arbeitsamt bis zu zwölf Wochen lang kein Geld.

Besonders strenge Auflagen gelten für Fahrer, die Personen befördern, also für Taxi- oder Busfahrer. Sie haben während der Arbeitszeit absolutes Alkoholverbot. Diese Personengruppe begeht bereits eine Ordnungswidrigkeit, wenn sie während des Dienstes oder der Dienstbereitschaft auch nur einen Tropfen Alkohol zu sich nimmt.

Pressespiegel

Im November 1998 wurde in Niedersachsen ein (Schul-)Busfahrer mit 2,54 Promille im Blut erwischt. Den Schülern war die unsichere Fahrweise des 59jährigen aufgefallen. Er war mehrmals gegen den Bordstein gefahren. Nachdem sich Kinder und Eltern bei der Polizei gemeldet hatten, baten die Beamten den Betrunkenen zur Blutprobe.

Damit muß der Busfahrer rechnen:
- Strafverfahren mit Geldstrafe und Entzug der Fahrerlaubnis
- Medizinisch-psychologische Untersuchung (MPU) bei einer amtlich anerkannten Begutachtungsstelle für Fahreignung (BfF). Eine Begutachtungsstelle wird bei einer so hohen Promillezahl längerfristige Entwöhnungsmaßnahmen und mindestens 12 Monate Abstinenznachweis nach den Entwöhnungsmaßnahmen fordern. Erst danach gibt es eine einigermaßen realistische Chance, die Fahrerlaubnis zurückzuerhalten.
- Achtung: Personenbeförderungsscheine liegen bei einem Fahrerlaubnisentzug durch Alkohol oder Drogen am Steuer u. U. drei bis sechs Monate länger «auf Eis» als die eigentliche Fahrerlaubnis!

Auch Beamte bleiben von den Folgen einer Promillefahrt nicht verschont. Ihnen droht unter Umständen ein Disziplinarverfahren. Bei ihnen gelten folgende Regeln:
- Entscheidend ist, ob die Promillefahrt innerhalb oder außerhalb der Dienstzeiten begangen wurde. Die Promillezahl spielt eine wichtige Rolle.
- Bei einer Blutalkoholkonzentration (BAK) von 0,8 – 1,09 (Ordnungswidrigkeit) können Beamte in der Regel davon ausgehen, daß kein Disziplinarverfahren droht; im Prinzip stellt auch der erstmalige Verstoß innerhalb dieser Promillegrenze grundsätzlich noch kein Dienstvergehen dar.
- Wiederholungstätern droht ein Disziplinarverfahren bis hin zur Gehaltskürzung. Wenn zu den Dienstpflichten das Führen von Autos gehört, folgen ebenfalls Disziplinarverfahren und Gehaltskürzungen. Wer durch den Dienst besonders vertraut mit den Folgen von Alkohol am Steuer sein sollte (etwa

Polizeibeamte), dem ist ein Disziplinarverfahren so gut wie sicher.

- Ab 1,1 Promille (Straftat) droht in allen Dienstbereichen auf jeden Fall ein Disziplinarverfahren mit Gehaltskürzung. Rückfalltäter, die bereits wegen einer (auch außerdienstlichen) Trunkenheit im Verkehr vorbestraft sind, werden meist in ein anderes Amt mit niedrigerem Gehalt versetzt (aus: BBB-Nachrichten des Bayerischen Beamtenbundes, 10/1996 München).

In einem privaten Gespräch erzählte mir ein Lokführer, daß er während seiner Freizeit um etwa drei Uhr nachts bei einer Promillefahrt mit 1,8 Promille von der Polizei erwischt worden war.

Er konnte nur deshalb einem Disziplinarverfahren entgehen, weil er am nächsten Tag dienstfrei hatte. Anderenfalls hätte er am Morgen den Dienst nicht mit 0,0 Promille antreten können.

Leasing-Verträge

Der Entzug der Fahrerlaubnis bzw. eine Sperre ist kein Grund für eine vorzeitige Beendigung des Leasingvertrages. Sie müssen auch während der führerscheinlosen Zeit die Leasingraten pünktlich bezahlen. Allerdings sollten Sie sich sofort mit Ihrem Leasingunternehmen in Verbindung setzen, die Lage schildern und versuchen, Problemlösungen zu finden.

In einer Broschüre der Juristischen Zentrale des ADAC heißt es: «... ist eine außerordentliche Kündigung ausnahmsweise zulässig, muß trotzdem, von einigen Abzügen abgesehen, das auf die Gesamtlaufzeit berechnete Leasingentgelt bezahlt werden.» Die Leasingfirma hat den Kaufpreis des Fahrzeuges bezahlt. Diese Kosten werden bei Abschluß auf die gesamte Laufzeit verteilt, auch wenn diese sich verkürzen sollte.

Bei vorzeitiger Kündigung, falls diese überhaupt akzeptiert wird, bezahlen Sie deshalb nicht viel weniger.

Versuchen Sie daher, eine Vertrauensperson zu finden, der Sie das Auto und damit auch die Leasingraten anvertrauen können.

Beim Finanzamt

Sie können die Kosten, die Ihnen durch eine Promillefahrt entstehen, auf keinen Fall von der Steuer absetzen. Wenn der Unfall ohne Alkoholeinfluß passiert wäre, gäbe es diese Möglichkeit allerdings durchaus.

Pressespiegel

Wer auf dem Weg zur Arbeit (oder von der Arbeit kommend) mit dem Auto verunglückt, kann die Reparaturkosten von der Steuer absetzen. Darauf hat der Bund der Steuerzahler Hessen hingewiesen.

Als Werbungskosten absetzbar sind die nicht von der Teilkaskoversicherung gedeckten Schäden am eigenen Wagen. Auch aus eigener Tasche bezahlte Reparaturen, die den Verlust des Schadensfreiheitsrabatts vermeiden sollen, können demnach abgesetzt werden. Wer auf eine Reparatur verzichtet, kann Wertminderung steuerlich geltend machen. Voraussetzung dafür ist «der berufliche Zusammenhang der Unfallfahrt».

Nach einer Promillefahrt sieht die Rechtslage jedoch ganz anders aus. Auch das Finanzamt stuft eine Alkoholfahrt als «grob fahrlässig» ein. Sie können also keinerlei Schadenskosten steuermindernd geltend machen. Auch Rechtsanwalts- oder Prozeßkosten werden nicht als außergewöhnliche Belastungen anerkannt, sondern vom Finanzamt nur im Falle eines Freispruchs (der bei Alkoholdelikten im Straßenverkehr so gut wie nie vorkommt) akzeptiert.

Das «Punktekonto» im
Flensburger Verkehrszentralregister

Das Verkehrszentralregister in Flensburg wird aus folgenden
Gründen geführt:

- zur Eignungsbeurteilung von Kraftfahrern,
- zur Beurteilung von Wiederholungstätern bei Verkehrsstraftaten und Verkehrsordnungswidrigkeiten,
- zur Prüfung der Berechtigung zum Führen von Kraftfahrzeugen (z. B. bei Verkehrskontrollen),
- für die Beurteilung von Personen im Hinblick auf ihre Zuver-
  lässigkeit und Verantwortung in der Einhaltung der zur Sicherheit im Straßenverkehr bestehenden Vorschriften.

Von den über 40 Millionen Führerscheininhabern sind ca. 12 %
(6 Millionen Personen) im VZR (Verkehrszentralregister) eingetragen. Von diesen 12 % erreichen letztlich nur 0,3 % – das sind
rund 17 000 Kraftfahrer – achtzehn und mehr Punkte.

Unter den Eintragungen in Flensburg befinden sich auch rund
200 000 Fälle von Fußgängern, Radfahrern oder auch Inline-
skatern, die wegen einer Straftat oder Ordnungswidrigkeit verurteilt wurden. Auch wer keinen Führerschein besitzt, wird bei
einem Bußgeld ab 80 Mark in die Flensburger Kartei aufgenommen. Die Eintragungen von «Führerscheinlosen» werden nach
einem «Tatkennziffernkatalog» bewertet. Das kann zum Problem
werden, wenn Sie eine Fahrerlaubnis beantragen.

Die Staatsanwaltschaft ruft nach einer Promille-Tat und vor
einer Verurteilung stets den aktuellen «Punktestand» in Flens-

burg ab. Und auch die Fahrerlaubnisbehörde holt sich beim Antrag auf Wiedererteilung der Fahrerlaubnis (in der Regel drei Monate vor Ablauf der Sperre) jeweils den aktuellen Auszug aus dem
Register.

Eine genaue Liste aller Alkohol- und Drogendelikte und der
Punkte nach Kategorien, die man dafür in Flensburg erhält, finden Sie im Anhang unter dem Titel «Punkte und Geldstrafen».

Seit dem 1. Januar 1999 ist die kosten- und gebührenfreie Auskunft über die eigenen Daten im Zentralregister in Flensburg
ausdrücklich gesetzlich garantiert.

Wenn Sie Ihren Punktestand überprüfen wollen, können Sie
ein Schreiben an das Kraftfahrtbundesamt, Verkehrszentralregister, 24 932 Flensburg, schicken.

Darin beantragen Sie Auskunft über die zu Ihrer Person erfaßten
Entscheidungen. Ihre Namen, Geburtsdatum und -ort müssen
Sie darin angeben. Mit diesem Schreiben gehen Sie zum Einwohnermeldeamt, zahlen zehn Mark und unterschreiben es vor den
Augen des Meldebeamten, der die Unterschrift beglaubigt. Wer
die Möglichkeit hat, eine Kopie seines Ausweises, Reisepasses
oder Dienstausweises von seiner Dienstbehörde beglaubigen zu
lassen, kann sich den Gang zum Einwohnermeldeamt ersparen.

Das Flensburger Punkte-System umfaßt auch ein Bonus-Verfah-
ren, mit dem Strafpunkte wieder abgebaut werden können. Es ist
daher auf jeden Fall sinnvoll, das eigene Punktekonto aufmerksam zu überwachen und vor Erreichen von Punktgrenzen freiwillige Maßnahmen zu ergreifen, bevor die Fahrerlaubnisbehörde in
Aktion tritt.

Das System belohnt einsichtige Sünder und bestraft Wiederholungstäter:

• Ab 8 Punkten werden Sie von Ihrem Führerscheinamt informiert. Wer dann freiwillig an einem Aufbauseminar (Kosten ca. 500 Mark) teilnimmt, kann 4 Punkte abbauen.

- Bei 9 bis 13 Punkten können durch das freiwillige Seminar nur noch 2 Punkte gelöscht werden.
- Erreicht der Betroffene 14 Punkte, erfolgt durch die Fahrerlaubnisbehörde die Anordnung, ein solches Seminar zu besuchen. Dann bringt es allerdings keinen Punkteabzug mehr ein.
- Erreicht der Kraftfahrer innerhalb sehr kurzer Zeit 18 oder mehr Punkte, erhält er die Möglichkeit, die Hilfen des Punktsystems auszuschöpfen (Aufbauseminar und freiwillige verkehrspsychologische Beratung).
- Wer trotz der Möglichkeiten und Hilfestellungen des Punktsystems 18 Punkte und mehr erreicht, verliert die Fahrerlaubnis automatisch.

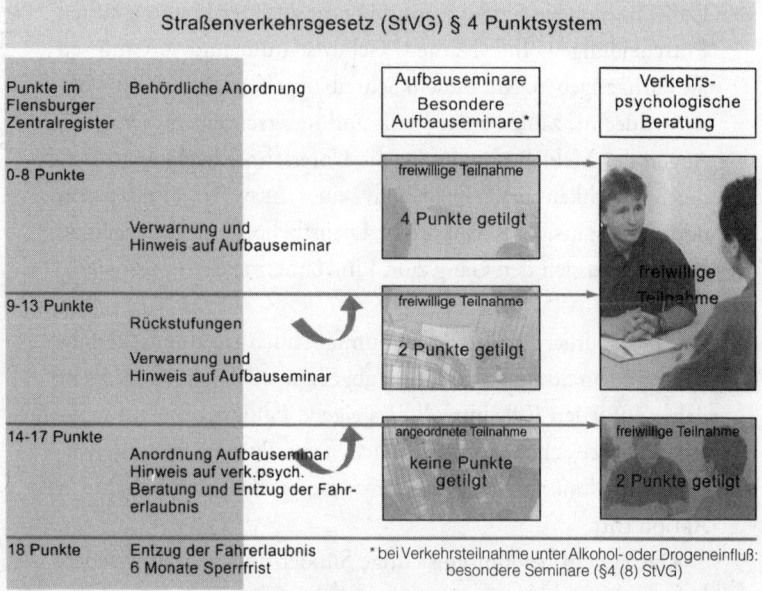

Straßenverkehrsgesetz (StVG) § 4 Punktsystem

Punkte im Flensburger Zentralregister	Behördliche Anordnung	Aufbauseminare Besondere Aufbauseminare*	Verkehrspsychologische Beratung
0-8 Punkte	Verwarnung und Hinweis auf Aufbauseminar	freiwillige Teilnahme 4 Punkte getilgt	freiwillige Teilnahme
9-13 Punkte	Rückstufungen Verwarnung und Hinweis auf Aufbauseminar	freiwillige Teilnahme 2 Punkte getilgt	
14-17 Punkte	Anordnung Aufbauseminar Hinweis auf verk.psych. Beratung und Entzug der Fahrerlaubnis	angeordnete Teilnahme keine Punkte getilgt	freiwillige Teilnahme 2 Punkte getilgt
18 Punkte	Entzug der Fahrerlaubnis 6 Monate Sperrfrist	* bei Verkehrsteilnahme unter Alkohol- oder Drogeneinfluß: besondere Seminare (§4 (8) StVG)	

(QUELLE: VdTÜV)

Befolgt der Verkehrssünder eine Anordnung zur Teilnahme am Seminar nicht, wird die Fahrerlaubnis automatisch entzogen und eine Sperrfrist von sechs Monaten verhängt. Die Wiedererteilung erfolgt dann erst nach einem positiven Gutachten nach einer medizinisch-psychologischen Untersuchung (MPU).

Aber auch bei einem Konto in Höhe von 14 Punkten greift das Bonus-System noch: Wenn der Betroffene freiwillig zusätzlich an einer verkehrspsychologischen Beratung teilnimmt, werden ihm 2 Punkte abgezogen. Diese Beratung soll dem Betroffenen helfen, die Ursachen seines Fehlverhaltens herauszufinden.

Der Punkte-Abbau durch freiwillige Teilnahme an einem Aufbauseminar ist nur einmal in fünf Jahren möglich.

In Ihrem Bemühen, ein hohes Punktekonto abzubauen, können Sie von verschiedenen Seiten Unterstützung einholen. Aufbauseminare und verkehrspsychologische Beratungen bieten dazu spezielle Schulungen an:

- Aufbauseminare werden von dazu berechtigten Fahrschulen oder Fachpsychologen angeboten. Sie kosten zwischen 400 und 500 Mark und dauern vier Sitzungen zu je 135 Minuten. Hinzu kommt eine Fahrprobe von 45 Minuten in Gruppen von drei Teilnehmern.
- Nach einem Alkoholdelikt muß der Kraftfahrer ein besonderes Aufbauseminar besuchen, das von Psychologen durchgeführt wird. Es entspricht in Dauer und Teilnehmerzahl dem einfachen Aufbauseminar. Eine Fahrprobe kann dabei ebenfalls stattfinden.
- Die verkehrspsychologische Beratung wird nur von anerkannten Verkehrspsychologen (Adressen → siehe Anhang) durchgeführt. Umfang: Mindestens drei oder vier Einzelgespräche von je 60 Minuten. Die Kosten betragen 500 bis 600 Mark.

Amtlich anerkannte verkehrspsychologische Berater kann zum Beispiel die Fahrerlaubnisbehörde nennen. Adressen können auch erfragt werden bei der Sektion Verkehrspsychologie des Bundesverbands Deutscher Psychologen und Psychologinnen (bdp) oder beim Verein BAF – Beratung und Aufklärung bei Führerscheinproblemen – e.V.

Wie bekommen Sie Ihren Führerschein zurück?

Die Fahrerlaubnisbehörde

Der Entzug des Führerscheins nach einer Trunkenheitsfahrt setzt zwei getrennte Verfahren in Gang, das gerichtliche und das verwaltungsrechtliche.

Das Gericht und die Fahrerlaubnisbehörde sind zwei voneinander abgegrenzte Anlaufstellen. Das ist gesetzlich so geregelt.

Das Gericht ist zuständig für die strafrechtliche Ahndung der Promillefahrt und legt eine Geldstrafe und die gesetzliche Sperre der Fahrerlaubnis fest. Ob Sie jedoch nach der gerichtlichen Sperre die Fahrerlaubnis tatsächlich zurückbekommen, hängt ganz allein von der Führerscheinbehörde und deren Vorschriften und Bestimmungen ab.

Welche Schritte nötig sein können, um die Fahrerlaubnis frühestens am Ende der gerichtlichen Sperre wieder erteilt zu bekommen, wird im folgenden beschrieben.

Die Prüfung der «Fahreignung»

In Ihrem Strafbefehl erscheint die Formulierung «Durch ihr/sein Verhalten hat sich die/der Angeklagte als ungeeignet zum Führen von Kraftfahrzeugen erwiesen». Dadurch ist Ihre Fahrerlaubnis nun ungültig. Die Fahrerlaubnisbehörde ist zur Zeit davon überzeugt, daß Sie nicht zur Teilnahme am Straßenverkehr geeignet sind. Nun müssen Sie selbst den Gegenbeweis antreten – es sei denn, Sie können auf den Führerschein für den Rest Ihres Lebens verzichten.

Vor Gericht gelten Sie als unschuldig, bis durch die Beweisaufnahme Ihre Schuld bewiesen ist. Bei der Fahrerlaubnisbehörde gelten Sie als ungeeignet, bis Sie das Gegenteil glaubhaft machen können. Das aber ist im Falle einer ersten Promillefahrt ab 1,6 ‰, im Wiederholungsfall oder bei festgestellter oder vermuteter Alkoholabhängigkeit nur durch eine medizinisch-psychologische Untersuchung bei einer amtlich anerkannten Begutachtungsstelle für Fahreignung (BfF) möglich. Dort muß für die Fahrerlaubnisbehörde durch Psychologen und Ärzte die Frage geklärt werden, ob zu erwarten ist, daß Sie auch künftig unter Alkoholeinfluß Auto fahren werden.

Selbst wenn die langen Monate der Sperrfrist vorbei sind, erhalten Sie ohne positives Gutachten die Fahrerlaubnis von der Fahrerlaubnisbehörde nicht zurück. Stellt man Ihnen mehrfach ein negatives Gutachten, können Jahre vergehen, bis Sie wieder aktiv am Straßenverkehr teilnehmen dürfen. Natürlich werden einige Promillesünder trotz eines positiven Gutachtens bei der MPU rückfällig. Dennoch werden durch diese Hürde immerhin offensichtlich ungeeignete Fahrer «aussortiert». Daß es hier immer wieder Grenzfälle gibt, versteht sich von selbst. So mancher fühlt sich völlig falsch beurteilt. Deshalb rate ich, von Anfang an die Hilfe seriöser Fachpsychologen in Anspruch zu nehmen.

Die Fahrerlaubnisbehörde kann erst dann offiziell eine MPU anordnen, wenn ein rechtskräftiges Urteil vorliegt und – in der Regel frühestens drei Monate vor dem Ende der Sperrfrist – die Fahrerlaubnis neu beantragt wird. In manchen Bundesländern allerdings gibt es die Möglichkeit, ein Aufbauseminar bereits während der Sperre zu absolvieren. Das kann ein großer zeitlicher Vorteil sein, den Sie nutzen sollten. Ebenso ist eine verkehrspsychologische Beratung zu empfehlen.

Nach der Auswertung der Blutprobe ist die Blutalkoholkonzentration rechtsmedizinisch nachgewiesen und aktenkundig. Etwa ein bis zwei Wochen nach der Tat erhalten Sie daraufhin schriftlich den «Vorläufigen Entzug der Fahrerlaubnis nach § 111» vom zuständigen Amtsgericht. Darin steht auch der genaue Promillewert der Blutprobe. Die Fahrerlaubnisbehörde weiß aufgrund Ihres Punktekontos in Flensburg und anhand Ihrer Führerscheinakte, ob Sie schon einmal ein Promilledelikt begangen haben oder ob Sie bereits zu viele Punkte gesammelt haben.

Sie sollten mit diesem Schriftstück, am besten nach vorheriger telefonischer Anmeldung, persönlich zur Fahrerlaubnisbehörde oder zum Anwalt gehen und fragen, ob für eine Neuerteilung der Fahrerlaubnis mit Auflagen wie einer MPU zu rechnen ist. Sie sollten bei dieser Gelegenheit auch klären, ob es möglich ist, schon während der ausgesprochenen Fahrerlaubnissperre ein Aufbauseminar zu besuchen. (Seite 96)

Viele Fahrerlaubnisbehörden helfen, den richtigen Weg einzuschlagen, um die Fahrerlaubnis ohne unnötige Verzögerungen zurückzuerhalten. Sie verfügen allerdings teilweise über einen nicht unerheblichen Ermessensspielraum. Hier ein Beispiel:

Aus dem Gerichtssaal

Man muß nicht betrunken fahren, um die Fahrerlaubnis zu verlieren. Es reicht, wenn die Fahrerlaubnisbehörde erfährt, daß ein Führerscheininhaber große Mengen Alkohol verträgt, ohne daß er entsprechende Ausfallerscheinungen hat. Wenn die MPU den Verdacht bestätigt, gilt der Autofahrer als ungeeignet zum Führen von Kfz.

Ein 30jähriger hatte dagegen geklagt, daß ihm seine Fahrerlaubnisbehörde den Führerschein entzogen hatte, obwohl er niemals alkoholisiert gefahren war.

Zwar war der trinkfeste Mann am Steuer seines Autos mit laufendem Motor in einem Waldweg von der Polizei angetroffen worden. Doch er hörte nur Musik. Der Wagen bewegte sich nicht mehr, weil er festgefahren war, nicht von ihm, sondern von einem nüchternen Freund, der ihn den ganzen Abend von Kneipe zu Kneipe chauffiert hatte und jetzt neben dem Pkw stand.

Dennoch hatten die Beamten den Fahrzeughalter pusten lassen und eine Blutprobe veranlaßt, die 2,66‰ ergab. Dabei hatte der 30jährige laut ärztlichem Untersuchungsbericht nur «leicht unter Alkoholeinfluß» gestanden.

Der MPU-Gutachter konnte «die Belassung der Fahrerlaubnis nicht empfehlen», denn bei derart hoher Alkoholgewöhnung entfielen die üblichen Gefahrensignale. Ebenso fehle die nötige Problemeinsicht, so daß «die Wahrscheinlichkeit von Trunkenheitsfahrten deutlich erhöht sei».

Die Richter schlossen sich der Sichtweise des Gutachters an. Der sofortige Fahrerlaubnisentzug sei im öffentlichen Interesse und nicht zu beanstanden. Ob das negative Gutachten zu Unrecht gefordert worden war – weil der Mann ja gar nicht gefahren war –, könne dahinstehen. Wenn die Behörde die Feststellung aber erst einmal kenne, dürfe sie darüber nicht hinwegsehen, sondern müsse die Fahrerlaubnis entziehen.

Fahrerlaubnisentzug ohne Verpflichtung zu Aufbauseminaren oder verkehrspsychologischen Beratungen

Wer erstmals im Bereich zwischen 1,1 und 1,6 Promille hinterm Steuer erwischt wird, dem wird zwar die Fahrerlaubnis entzogen, er wird aber weder zu Aufbauseminaren verpflichtet noch zu verkehrspsychologischen Beratungen geschickt. Er bekommt am Ende der gerichtlichen Sperre seine Fahrerlaubnis in der Regel «einfach so» wieder.

Man verzichtet also darauf, im Sinne der Verkehrssicherheit auch Promillesünder, die zufällig noch nicht die 1,6-Promille-Grenze erreicht haben, entsprechend aufzuklären oder zu schulen.

Seriöse Aufbauseminare und verkehrspsychologische Maßnahmen verändern Einstellung und Verhalten des Kraftfahrers, so daß die Wahrscheinlichkeit einer erneuten Auffälligkeit im Straßenverkehr unter Alkoholeinfluß verringert wird. Studien über Aufbauseminare haben eindeutig ergeben, daß das Unfallrisiko eines Verkehrstrunkenheitstäters ohne verhaltensändernde Schulungsmaßnahmen um ein vielfaches über dem eines Kraftfahrers liegt, der bisher noch nicht aufgefallen ist. Die Wirksamkeit entsprechender Aufbauseminare wurde durch Forschungsergebnisse belegt.

Ich habe inzwischen mit sehr vielen Promillefahrern gesprochen und habe den Eindruck gewonnen, daß jene, die die «MPU» absolvieren mußten, weitaus geläuterter waren als jene, die noch einmal ohne Pflicht-Maßnahmen davongekommen waren.

Der allgemeinen Verkehrssicherheit wäre es sicher zuträglich, wenn auch alle 1,1-bis 1,6-Promille-Sünder zumindest zu einem Aufbauseminar verpflichtet würden.

«Bedingte Kraftfahreignung»

Die «bedingte Kraftfahreignung» nach einer noch nicht ganz positiven MPU-Begutachtung wird nur in Einzelfällen ausgesprochen. Aus der Fachzeitschrift «Blutalkohol» (3/98) stammt der Artikel «Rechtssprechung zu Alkohol und anderen Drogen im deutschen Fahrerlaubnis-Verwaltungsrecht» von Dr. Hans Jürgen Bode. Darin heißt es:

«Ist einem Kraftfahrer die Fahrerlaubnis wegen Alkoholauffälligkeit entzogen worden und hat er seine volle Eignung zum Führen von Kfz noch nicht wiedererlangt, kann er unter Umständen mit entsprechenden Auflagen zum Straßenverkehr wieder zugelassen werden. Das Oberverwaltungsgericht Koblenz hat in einem Fall so entschieden, in dem der Betroffene die Fahrerlaubnis nach vorangegangener Entziehung nur mit den Auflagen erteilt bekam,

- nach Abschluß seiner psychologischen Gruppentherapie wöchentlich an Sitzungen teilzunehmen,
- alle zwei Monate Leberfunktionswerte durch den Hausarzt feststellen zu lassen,
- die entsprechenden Bescheinigungen jeweils im Abstand von zwei Monaten bei der Fahrerlaubnisbehörde vorzulegen und
- sich 12 Monate nach Erstellung des diesen Auflagen zugrunde liegenden medizinisch-psychologischen Gutachtens einer Nachuntersuchung zur Überprüfung seiner weiteren Eignung zu unterziehen.»

Die Führerscheinakte

Alle mit dem Führerschein zusammenhängenden Daten sind in einer sogenannten «Führerscheinakte» zusammengefaßt, die der Fahrerlaubnisbehörde in der Regel vorliegt. Wenn Sie vorher eine «weiße Weste» hatten, steht in dieser Akte lediglich, wann und wo Sie Ihre Fahrerlaubnis erworben haben.

Einsicht in die Führerscheinakte erhalten Sie bei der Fahrerlaubnisbehörde auch als Betroffener, Kopien bekommen Sie nur mit Hilfe des Rechtsanwalts. Ich rate dazu, Einsicht zu verlangen, denn Sie sollten den Inhalt Ihrer eigenen Führerscheinakte unbedingt kennen. Hier sind sämtliche, auch beim Kraftfahrtbundesamt in Flensburg und im Strafregister bereits wieder getilgte schwerwiegende Eintragungen festgehalten. Bei der MPU werden Sie auch nach früheren Delikten gefragt, die Sie möglicherweise bereits vergessen haben. «Erinnerungslücken» gelten bei der MPU jedoch als Minuspunkt – wer seine Fehler nicht mehr kennt, hat nichts daraus gelernt.

Das Gericht darf getilgte Eintragungen keinesfalls mehr für die Verurteilung heranziehen, die Fahrerlaubnisbehörde dagegen darf das immerhin maximal zehn Jahre lang. Auch Trunkenheitsfahrten im Rahmen einer Ordnungswidrigkeit werden erst nach

zehn Jahren aus der Führerscheinakte gelöscht. Sie sollten überprüfen, ob «tilgungsreife Daten» auch wirklich gelöscht werden,
bevor die Akte zur Gutachtenstelle geschickt wird.

Ein aktueller Auszug aus dem «Punktekonto» in Flensburg
wird immer herangezogen. Außerdem wird das sogenannte
«Führungszeugnis», der Auszug aus dem Bundeszentralregister,
eingesehen.

Mit den Gerichtsakten über die Promillefahrt liegen dem Gericht, der Fahrerlaubnisbehörde und später auch dem MPU-Gutachter außerdem die sogenannten «Blutabnahme-Protokolle»
vor, die im Unterkapitel «Ärztlicher Untersuchungsbericht» vorgestellt werden.

Sie sollten vor der MPU also unbedingt Ihre komplette Ge-
richtsakte kennen. Die Kosten für die Akteneinsicht und eine
ausführliche Beratung beim Anwalt belaufen sich auf rund 350
Mark. Ich rate nochmals dringend, für das gesamte Verfahren
einen in Verkehrssachen erfahrenen Anwalt zu Rate zu ziehen.

Die Tilgungsfristen beim Kraftfahrtbundesamt in Flensburg

Das Kraftfahrtbundesamt Flensburg tilgt Delikte nach folgenden
Fristen:

- 2 Jahre bei Entscheidungen wegen einer Ordnungswidrigkeit,
  zum Beispiel Delikte ab 0,8 bis 1,09 Promille ohne Folgen.
- 5 Jahre bei den meisten Verkehrsstraftaten, bei der die Teilnahme an einem Aufbauseminar oder an einer verkehrspsychologischen Beratung gefordert wurde.
- 10 Jahre bei den Verkehrsstraftaten, die nach Alkohol- oder
  Drogen-, auch Medikamentenmißbrauch, geschehen sind oder
  die zur Entziehung der Fahrerlaubnis geführt haben.

Die Tilgungsfrist beginnt prinzipiell mit dem Zeitpunkt, an dem
der Bußgeldbescheid oder das Urteil rechtskräftig werden. Wenn
während der Laufzeit für die Tilgungsfrist das Punktekonto er-

neut belastet wird, beginnt die Frist erneut, und zwar sowohl für alle Delikte, die bereits verzeichnet sind, als auch für die neuen Punkte. Ein Beispiel: In zwei Wochen wäre Ihr Delikt gelöscht worden, weil zwei, fünf oder zehn Jahre verstrichen sind. Nun bekommen Sie aber einen Punkt für zu schnelles Fahren. Schon beginnt die Frist wieder ganz von vorne.

Als Ausnahme gilt: Ordnungswidrigkeiten (nicht Straftaten) werden generell nach fünf Jahren gelöscht, auch wenn während der Löschfrist der eine oder andere Punkt dazugekommen ist – es sei denn, es handelte sich um ein Bußgeld-Trunkenheitsdelikt nach § 24a StVG. Dann gelten wiederum zehn Jahre Tilgungsfrist.

Nehmen Sie an Aufbauseminaren und verkehrspsychologischen Beratungen teil, beginnt die Frist zur Tilgung mit dem Tag der Ausstellung der Bescheinigung des Seminars oder der Beratung. Hintergrund ist die Regelung, daß man nur einmal innerhalb von fünf Jahren an einem freiwilligen Seminar mit Punkteabzug teilnehmen kann.

Die Verjährungsfristen werden vor Gericht immer eingehalten, auch wenn vielleicht nur wenige Tage bis zur Verjährung einer früheren Straftat übrig sind. So wurde ein Angeklagter vom Amtsgericht in Weilheim (Obb.) als Wiederholungstäter mit 28 Monaten Sperre der Fahrerlaubnis abgeurteilt, obwohl sein «altes» Delikt nur einen Monat nach dieser Verhandlung tilgungsreif gewesen wäre.

Tilgungsfristen bei der Fahrerlaubnisbehörde

In der «Gemeinsamen Bekanntmachung der Bayerischen Staatsministerien für Wirtschaft und Verkehr und des Inneren» heißt es zu den Tilgungsfristen bei der Fahrerlaubnisbehörde:

«Mindestens zehn Jahre nach Ablauf des Jahres, in dem der letzte Vorgang in die Führerscheinakte aufgenommen wurde, sind aufzubewahren: Führerscheinakten mit Vorgängen, die mit der Versagung, Beschränkung oder Entziehung einer Fahrerlaubnis in Zusammenhang stehen oder Unterlagen enthalten, die über körperliche und geistige Eignung von Fahrerlaubnisbewerbern oder -inhabern etwas aussagen, gleichgültig, ob diese Unterlagen positiv oder negativ sind.» Darin sind auch MPU-Gutachten eingeschlossen.

Das Bundesverwaltungsgericht weist allerdings mit einem Beschluß vom 18. 03. 1994 darauf hin, daß keine speziellen Rechtsvorschriften bestehen, die das Löschen von Eintragungen in der Führerscheinkartei regeln.

Tilgungsfristen im Bundeszentralregister

Ins Führungszeugnis werden rechtskräftige Verurteilungen, etwa wegen Trunkenheit am Steuer, und zwar sowohl die verhängte Geld- oder Gefängnisstrafe als auch die Dauer der Sperrfrist eingetragen.

Wenn allerdings eine Geldstrafe von nicht mehr als 90 Tagessätzen oder eine Haftstrafe von nicht mehr als drei Monaten verhängt wurde, ist dies nicht im Führungszeugnis vermerkt, es sei denn, es liegen bereits mehrere Einträge vor.

Der Vorteil dieser Regelung kann folgender sein:

Wenn Sie sich um einen neuen Arbeitsplatz bewerben und dafür auch ein Führungszeugnis vorlegen müssen, werden bei einer ersten Tat, die unter 90 Tagessätzen und drei Monaten Haft bestraft wurde, keine Einträge ersichtlich sein. Kommt es zu einer weiteren Straftat innerhalb der Tilgungsfrist, werden allerdings alle Eintragungen herangezogen, auch die, die nicht für jedermann ersichtlich sind, und können sich deutlich strafverschärfend auswirken. Nach der Tilgung dürfen die Einträge allerdings keinesfalls mehr gerichtlich verwertet werden.

Die Tilgungsfrist im Bundeszentralregister beträgt etwa bei Promillestraftaten unter 90 Tagessätzen oder drei Monaten Haft fünf Jahre ab Rechtskraft des Urteils. Bei höheren Strafen beträgt die Tilgungsfrist zehn oder 15 Jahre. Beispiel: Ein lebenslanger Entzug der Fahrerlaubnis wird ins Führungszeugnis eingetragen. Wird diese Sperre irgendwann einmal doch aufgehoben, wird die Eintragung über den lebenslangen Fahrerlaubnisentzug frühestens 15 Jahre nach der Aufhebung getilgt.

Tilgungen sind prinzipiell erst dann möglich, wenn für alle Verurteilungen die entsprechenden Voraussetzungen vorliegen, d. h. die Frist läuft nicht ab, solange die Strafe noch nicht vollstreckt oder die Fahrerlaubnissperre noch nicht beendet ist.

Für Jugendliche gibt es ein «Erziehungsregister», in das Sanktionen (Sozialdienste, Jugendarreste etc.) gegen Jugendliche und Heranwachsende eingetragen werden. Das eigene Führungszeugnis kann man über das Einwohnermeldeamt für 15 Mark beantragen.

Ärztlicher Untersuchungsbericht

Werden Sie von der Polizei in einer Verkehrskontrolle oder wegen eines Fahrfehlers angehalten, sind Sie gesetzlich nur zur Blutabnahme verpflichtet.

Der Arzt füllt daraufhin ein Protokoll aus. Darin sind Name und genaue Zeiten der entnommenen Blutproben enthalten. In der Regel werden zwei Blutproben nur bei «Nachtrunk-Verdacht» oder «Nachtrunkbehauptungen» entnommen. Außerdem werden folgende Fragen gestellt:

• Hat vor der Blutentnahme eine Narkose stattgefunden?
• Sind in den letzten 24 Stunden vor der Blutentnahme Medikamente verabfolgt oder eingenommen worden, wenn ja, welche?
• Liegen von dem jetzigen Vorfall unabhängige Krankheiten oder Leiden vor, etwa Diabetes, Epilepsie, Geisteskrankheiten, frühere Schädel- / Hirntraumen (Verletzungen)? Körpergewicht und -größe, bestehende Verletzungen, Blutverlust oder

Schock, Erbrechen, Gang, Finger-Finger-Probe, Nasen-Finger-Probe, Sprache, Bewußtsein, Denkablauf, Verhalten, Stimmung und der Gesamteindruck werden ebenfalls vom Arzt begutachtet.

Je höher die Promillezahl ist und je weniger Ausfallerscheinungen im Protokoll stehen, desto eher wird dem Promillefahrer Alkoholgewöhnung zur Last gelegt.

Je besser Sie jemanden kennen, desto schneller wird Ihnen bei dem Betroffenen ein Schwips auffallen. Deshalb sind in ärztlichen Protokollen wie diesem oft zu geringfügige Ausfallerscheinungen vermerkt. Auch in meinem Fall schrieb der Arzt, der mich noch nie zuvor gesehen hatte, im Protokoll: «Redet normal, geht normal, scheint äußerlich kaum unter Alkoholeinfluß zu stehen.» Wer mich kennt, hätte sofort bemerkt, daß ich deutlich betrunken war.

Polizeibericht

Dieses Formular wird von der Polizei auf der Wache ausgefüllt. Darin sind persönliche Angaben enthalten wie Personalien, Wohnort, Geburtsdatum, das Ergebnis des Alkoholtests, der Zeitpunkt des Vorfalls, Angaben über die Alkoholaufnahme (wann und wo wurde welches Getränk getrunken), wurde später nochmals Alkohol konsumiert («Nachtrunk») und Angaben über die Nahrungsaufnahme.

Dieses Protokoll wird von Ihnen und dem ermittelnden Polizeibeamten unterschrieben. Sie sind gesetzlich nur zur Nennung der Personalien (Name/Adresse) und zu keinen weiteren Angaben verpflichtet.

Therapien, Seminare und Schulungen

Wenn Sie möglichst sofort nach der Promillefahrt eine verkehrspsychologische Beratung und Therapie aufsuchen, etwa bei niedergelassenen Fachpsychologen, oder freiwillig ein Aufbauseminar oder eine Schulung absolvieren, kann dies, je nach Maßnahme, auch vor Gericht mit etwas Glück eine Verkürzung der Sperre einbringen. Es gibt allerdings keine verbindliche Vorschrift, die die Richter verpflichtet, von einer Fahrerlaubnissperre abzusehen oder eventuellen «Nachlaß» zu gewähren.

Ähnlich verhält es sich mit der MPU. Ein Aufbauseminar oder eine verkehrspsychologische Therapie bringen in der Regel Pluspunkte, da Sie bereits während der Sperre Einsicht gezeigt und aktiv etwas unternommen haben, um Ihr Fehlverhalten zu erkennen, zu korrigieren und damit die Wiederholungsgefahr einer erneuten Alkoholfahrt deutlich zu senken. Wissenschaftliche Studien haben die Wirksamkeit gegen die Rückfallgefahr nach Aufbauseminaren und geeigneten verkehrspsychologischen Therapien bestätigt.

Verkehrspsychologische Therapien

Im Jahresbericht 1997 der verkehrspsychologischen Praxis von Dr. Fritz Meyer-Gramcko und Dipl.-Psychologe Jörg-Michael Sohn wird der Ablauf einer verkehrspsychologischen Therapie folgendermaßen beschrieben:

«Nach einer ersten Kontaktaufnahme erfolgt in der Regel ein Beratungsgespräch oder eine Eingangsuntersuchung. Sie dienen dazu, die Umstände, die Zweifel an der Eignung zum Führen von

Kraftfahrzeugen auslösen, zu klären, mögliche Ausschlußkriterien zu erheben und Ansatzpunkte für die folgende Therapie herauszufinden.

Liegen psychische und / oder körperliche Beeinträchtigungen vor, die im Rahmen einer Verkehrstherapie nicht behoben werden können, wie starke Leistungsmängel, deutliche geistige Minderausstattung, fehlende Beherrschung der deutschen Sprache, psychiatrische oder medizinische Auffälligkeiten, akute Lebenskrisen, wird die Verkehrstherapie entweder nicht durchgeführt oder aber so lange aufgeschoben, bis externe Maßnahmen erfolgreich abgeschlossen wurden.

Erweist sich eine Therapie als aussichtsreich, erfolgt diese in Form von Einzelgesprächen mit einem der therapeutischen Mitarbeiter. Die Dauer und Verteilung ist vom Einzelfall abhängig. Im Schnitt umfaßt die Therapie gut 20 Stunden, verteilt auf durchschnittlich sechs Monate. Die Verkehrstherapie erfolgt auf der Grundlage von Verhaltenstherapie und Gesprächspsychotherapie. Das allgemeine Ziel kann beschrieben werden als Verminderung der Rückfallwahrscheinlichkeit durch:

• Erarbeitung einer realistischen und selbstkritischen Einstellung zu den eigenen Verkehrsauffälligkeiten;
• Beseitigung von Informationsdefiziten;
• Bearbeitung und Veränderung des Trink- bzw. Fahrverhaltens;
• Klärung des Zusammenhanges von Auffälligkeiten und persönlicher Lebenssituation;
• Aufbau angemessener Wahrnehmungs-, Einstellungs- und Handlungsmuster;
• Verbesserung der Voraussetzungen, gefaßte Vorsätze langfristig einzuhalten.

Ist aus therapeutischer Sicht das Ziel der Verkehrstherapie erreicht, wird der Erfolg der Maßnahme im Regelfall in einer separaten Abschlußuntersuchung überprüft.

Bei einem positiven Ergebnis erhält der Klient einen ausführlichen ‹Abschlußbericht über die Verkehrstherapie›, der zur Vorlage bei einer medizinisch-psychologischen Untersuchungsstelle oder bei Gericht bestimmt ist. Dieser Abschlußbericht entspricht den Anforderungen des ‹Psychologischen Gutachtens Kraftfahreignung› an Therapieberichte.

Nach Ablauf der Verkehrstherapie erfolgt eine mehrstufige Wirksamkeitskontrolle. Sie umfaßt folgenden Standard für alle Klienten:

Ein halbes Jahr nach Abschluß erhält der Klient einen Fragebogen zur momentanen Lebenssituation, dem aktuellen Trink- bzw. Fahrverhalten und der Bewertung der Therapie.

Ein Jahr nach Abschluß findet ein ausführliches Nachgespräch statt, in dem in einem halbstrukturierten Interview die Verfestigung der erreichten Veränderungen überprüft wird.

Nach zwei Jahren erhält der Klient einen Brief, den er in der letzten Therapiesitzung an sich selbst geschrieben hat, erneut den Fragebogen aus dem ersten abschließenden Bericht, Informationsmaterial und ein Angebot für ein zusätzliches Gespräch.

Nach drei Jahren wird ein Auszug aus dem Zentralregister des Kraftfahrt-Bundesamtes angefordert, um die Legalbewährung zu überprüfen. Darüber hinaus werden im Einzelfall weitere Nachgespräche vereinbart, wenn sich dies zur weiteren Festigung erarbeiteter Verhaltensweisen als sinnvoll erweist.»

Seit 1. Januar 1999 ist es auch Versicherten der gesetzlichen Krankenkassen grundsätzlich erlaubt, sich ohne den Umweg über den Haus- oder Facharzt direkt an einen Psychologen zu wenden. Dies gilt natürlich nur für Fachpsychologen, die von den Krankenkassen zugelassen sind. Auch therapeutische Maßnahmen bei Verkehrs-Fachpsychologen zahlt unter Umständen die gesetzliche oder private Krankenkasse. Falls keine Alkoholabhängigkeit vorliegt, müssen Sie in der Regel die Kosten (1500 bis 4000 Mark) selbst tragen. Sie sollten sich zunächst mit dem Fachpsychologen und dann mit Ihrer Krankenkasse über die Kostenübernahme beraten. Auch ein Verkehrsrechtsanwalt kann hier seine Hilfe anbieten und eventuell geeignete Adressen oder Ansprechpartner nennen.

Oft übernimmt die Krankenkasse die Kosten für eine verkehrspsychologische Therapie leider nicht. Damit machen die Kostenträger (Kranken-, Renten- und Sozialkassen) meiner Meinung nach einen Denkfehler, denn die Betroffenen trinken in der Regel zuviel Alkohol und werden deshalb bei einer Promillefahrt erwischt, nicht umgekehrt. Wenn sofort nach einer Alkoholfahrt fachpsychologische Hilfe oder entsprechende Aufbauseminare von den Kostenträgern bezahlt würden, brächte das womöglich so manchen, der auf dem besten Weg ist, Alkoholiker zu werden, rechtzeitig wieder auf den richtigen Weg.

In Anbetracht der mehr als 13 Millionen Deutschen, die laut der Hauptstelle gegen Suchtgefahren ein «problematisches Alkoholkonsumverhalten» an den Tag legen, sollte jede greifbare, frühzeitige Behandlungs- oder Beratungsmöglichkeit genutzt werden.

Aufbauseminare

Nach der MPU gibt es grundsätzlich drei Möglichkeiten:
- Sie erhalten ein positives Gutachten und Ihren Führerschein wieder.
- Sie erhalten ein negatives Gutachten, keine Kurs-Zuweisung, und die Fahrerlaubnis wird nicht erteilt. In diesem Fall ist eine erneute MPU oftmals erst sechs Monate nach dem erfolglosen Versuch sinnvoll – allerdings nur, wenn Sie sich in der Zwischenzeit wirklich verändert haben und dies etwa durch den freiwilligen Besuch eines Aufbauseminars oder einer verkehrspsychologischen Therapie bewiesen haben. Haben Sie die Zeit

zwischen dem ersten negativen Gutachten und dem neuen Versuch ungenutzt verstreichen lassen, können Sie sich das Geld für die erneute MPU im Prinzip sparen.

• Sie halten ein negatives Gutachten mit der Zuweisung (oder auch der Chance) zu einem Kurs in den Händen. Dafür kommen etwa die Schulungsmodelle «IFT»/«IRAK»/«LEER» in Frage. Diese Kurse kosten 800,– bis 1000,– Mark, werden meist in Gruppen bis zu zehn Personen abgehalten und dauern zwischen 15 und 26 Stunden. Nach Abschluß dieser Kurse bekommen Sie in der Regel Ihren Führerschein ohne weitere MPU zurück.

Sie sollten also die Fahrerlaubnissperre vor der MPU unbedingt sinnvoll nutzen. Überdies kann die sehr frühzeitige Belegung eines Aufbauseminars auch die gerichtliche Sperre deutlich verkürzen.

Fragen Sie die Fahrerlaubnisbehörde, den Verkehrsrechtsanwalt, die nächste MPU-Gutachtenstelle oder andere Institutionen wie zum Beispiel die IfS, AFN (Adressen siehe Anhang), was in Ihrem Fall sinnvoll ist.

Im folgenden werden einige Seminar-Angebote bzw. -Anbieter kurz vorgestellt.

Kurs I.R.A.K. (für Erst- und Wiederholungstäter)

I.R.A.K. bedeutet «Individualpsychologische Rehabilitation Alkoholauffälliger Kraftfahrer». Dabei handelt es sich um einen Kurs der AFN (Gesellschaft für Ausbildung, Fortbildung und Nachschulung e. V.), die sich auf 20 Jahre Erfahrung in der Rehabilitation von über 50000 verkehrsauffälligen Kraftfahrern stützt; weitere anerkannte Kursmodelle sind auch «IFT»/«LEER» (→ siehe Anhang).

Die Teilnahme an diesem Kurs ist zu empfehlen, wenn Sie ein oder mehrere Male mit Alkohol am Steuer aufgefallen sind. Sie haben an einer medizinisch-psychologischen Untersuchung teilgenommen, und im Gutachten steht, daß Sie durch Teilnahme an einem Kursus zur Wiederherstellung der Kraftfahrereignung (Kursus für alkoholauffällige Kraftfahrer) Ihren Führerschein wiederbekommen können. Etwa zehn Kursteilnehmer erarbeiten im Kurs zusammen mit einem erfahrenen Kursleiter Verhaltensregeln zur Vermeidung von Alkoholfahrten. Dabei werden folgende Fragen beantwortet:

• Wie baut sich der Alkohol im Körper auf?
• Wie wird er wieder abgebaut?
• Wie wirkt sich Alkohol auf körperliche und geistige Funktionen aus?
• Wie groß ist die Gefahr, wieder aufzufallen?
• Was sind die möglichen Folgen?

Die Kursdauer beträgt insgesamt 26 Stunden, die sich in der Regel auf vier Samstage verteilen. Nach regelmäßiger und aktiver Teilnahme erhalten Sie eine Abschlußbescheinigung zur Vorlage bei der Straßenverkehrsbehörde. Es gibt keine Abschlußprüfung und deshalb also auch kein «Bestehen» oder «Nichtbestehen».

Kurs «mobil» (vor oder nach einem Gutachten bei der MPU)

Der Kurs «mobil» wird ebenfalls von der AFN veranstaltet. Die Teilnahme an «mobil» ist sinnvoll, wenn Sie mit hohen Promillewerten oder bereits wiederholt mit Alkohol oder vielen Punkten aufgefallen sind. Sie sollten die Zeit der Sperrfrist durch Teilnahme an diesem Kurs nutzen.

Vor Kursbeginn wird in einem persönlichen Einzelgespräch mit dem Kursleiter abgeklärt, inwieweit Ihre Teilnahme erfolgversprechend sein kann. In Gruppengesprächen mit einem verständnisvollen Kursleiter besprechen Sie die Hintergründe für Ihre Gesamtsituation. Sie entwickeln gemeinsam mit der Gruppe geeignete Strategien für Ihr zukünftiges Verhalten.

In der zweiten Stufe werden Sie selbst aktiv und beginnen, an sich selbst und Ihrer Lebensführung etwas zu verändern. Die neuen Erfahrungen halten Sie in täglichen Aufzeichnungen fest.

In der Aufbaustufe können Sie anhand Ihrer Aufzeichnungen Ihre Erfahrungen im Gespräch in der Gruppe kritisch prüfen, vertiefen und ausbauen. Die in dem Kurs gewonnenen Erkenntnisse lassen Sie in der Regel auch die Anforderungen in der MPU bewältigen. Der «mobil»-Kurs umfaßt 24−52 Stunden und erstreckt sich über vier Wochen bis sechs Monate, je nach individuellem Fall. Die Kurse finden an Wochenenden oder auch in mehrtägigen Blöcken statt.

Kurs «LEER» (für Erst- und Wiederholungstäter)

Der Kurs «LEER», veranstaltet vom TÜV Bayern Sachsen, richtet sich an Erst- und Wiederholungstäter. Er soll Einstellungen und Verhalten beim Kraftfahrer verändern, so daß die Wahrscheinlichkeit einer erneuten Auffälligkeit im Straßenverkehr unter Alkoholeinfluß verringert wird.

Der Kurs findet in Gruppen von bis zu zehn Personen über 14 Stunden hinweg statt und kostet etwa 950 Mark. Die 14stündige Anwesenheitsphase erstreckt sich über einen Zeitraum von vier Wochen. Danach erhalten die Teilnehmer eine Abschlußbescheinigung, mit der sie bei der Fahrerlaubnisbehörde in der Regel eine neue Fahrerlaubnis erhalten. Nach einem Jahr findet ein Abschlußtreffen der Teilnehmer mit dem Moderator statt.

Schulungen

Im Gegensatz zu Aufbauseminaren, die erst nach einer medizinisch-psychologischen Untersuchung (MPU) stattfinden, gibt es in Rheinland-Pfalz die Möglichkeit, ein Aufbauseminar direkt nach der Tat zu besuchen, so daß der Richter dies im Verfahren bereits anerkennen kann.

Auch in anderen Bundesländern kann man sofort nach

Rechtskraft des Urteils ein entsprechendes Aufbauseminar absolvieren.

Am besten fragen Sie Ihre Fahrerlaubnisbehörde, Ihren Verkehrsrechtsanwalt, MPU oder andere Institute wie die AFN oder IfS oder erfahrene Verkehrspsychologen (→ siehe Anhang) nach den örtlichen Möglichkeiten.

Das bayerische Modell «Freyung»

Seit etwa Ende 1999 wird bei allen MPU-Gutachterstellen des TÜV Bayern e. V. das sogenannte «Kursmodell Freyung» durchgeführt.

Das Beratungskonzept umfaßt die Stufen Beratung, Rehabilitation, MPU. Entwickelt wurde es von den niederbayerischen medizinisch-psychologischen Instituten Landshut und Passau in Zusammenarbeit mit dem Landratsamt Freyung-Grafenau.

Darin sind enthalten:
• Eine möglichst frühzeitige Beratung,
• Angebot der Rehabilitation in der Sperrfrist (Abstinenz-Modell Freyung),
• Begutachtung am Ende der Sperrfrist.

Ziele des Beratungskonzepts sind:
• Wiederherstellung der Fahreignung,
• Verringerung der Rückfallquoten,
• also: mehr Verkehrssicherheit durch individuelle (persönliche) Weiterentwicklung.

Durch das Beratungsgespräch im medizinisch-psychologischen Institut soll ein Prozeß in Gang kommen, der die Bereitschaft zur Verhaltensänderung fördert und dazu führt, daß zielgerichtete therapeutische Maßnahmen ergriffen werden.

Tatsächlich hat sich gezeigt, daß die Chancen der Betroffenen, erfolgreich eine MPU zu absolvieren, nach der Teilnahme am «Freyung»-Modell erheblich steigen.

Das Modell «ISB Hamburg '79»

Träger des Modells «ISB Hamburg '79» (Integrierte Schulungs- und Beratungsmaßnahme) ist das «Verkehrspsychologische Beratungs- und Schulungszentrum e. V.» (VBS).

Voraussetzung für die Teilnahme ist, daß ein Kraftfahrer zum ersten Mal mit Alkohol am Steuer aufgefallen ist und seine Promillezahl nicht mehr als 1,99 betragen hat. Alkoholabhängige können nicht zugelassen werden. An drei aufeinanderfolgenden Samstagen oder Sonntagen erarbeiten die Teilnehmer in Gruppen von acht bis zehn Personen, wie es zu ihren Gewohnheiten im Umgang mit Alkohol gekommen ist und was sie in Zukunft tun müssen, um nicht erneut mit Alkohol im Straßenverkehr aufzufallen. Zudem informiert der Kursus über die wichtigsten Wissensfragen rund um den Alkohol. Dem Kursus folgt ein Nachgespräch mit einem Psychologen, um den Teilnehmern Gelegenheit zu geben, ihre Lernerfolge darzustellen. Die Teilnahme an der gesamten Maßnahme ist freiwillig und kostet etwa 795 Mark.

Sie bietet eine dreifache Chance:

* Eine Verkürzung der Sperrfrist um zwei Monate,
* bei Betroffenen zwischen 1,6 und 1,99 Promille den Verzicht auf die MPU und
* eine größere Gewähr, künftig nicht mehr unter Alkoholeinfluß Auto zu fahren.

Bei der MPU fallen bekanntlich eine hohe Zahl aller Bewerber beim ersten Mal durch oder werden dann erst in eine Schulungsmaßnahme empfohlen. Die erfolgreiche Maßnahme an dem Modell «ISB Hamburg '79» macht die MPU unter den genannten Voraussetzungen überflüssig. Der Modellversuch ist in dieser Form auf Hamburg beschränkt, allerdings profitieren viele Teilnehmer aus den angrenzenden Kreisen von dieser Maßnahme. Es ist geplant, diesen Kurs künftig auch in Berlin,

Baden-Württemberg und Mecklenburg-Vorpommern durchzuführen.

Mit Autofahrern, die mehr als 2,00 Promille im Blut hatten, wird in einer intensiveren Beratung versucht, Möglichkeiten zur Wiederherstellung der Kraftfahreignung zu erarbeiten. Für Autofahrer, die einen Führerschein auf Probe haben, entfällt nach einer Teilnahme die Notwendigkeit, an einem Aufbauseminar für alkoholauffällige Fahranfänger teilzunehmen.

Das Modell «BUSS»

Für Promillesünder aus Niedersachsen, Schleswig-Holstein und Mecklenburg-Vorpommern veranstaltet der TÜV Hannover / Sachsen-Anhalt e. V. das Schulungsmodell «BUSS» (Begutachtung, Untersuchung und Schulung in der Sperrfrist).

An «BUSS» können alle Führerscheinbewerber teilnehmen, denen die Fahrerlaubnis wegen Alkoholauffälligkeit im Straßenverkehr entzogen worden ist und die dem Straßenverkehrsamt ein MPU-Gutachten vorlegen müssen (etwa bei erstmals aufgefallenen Autofahrern ab 1,6 Promille). Sofort nach Rechtskraft des Urteils stellen Sie einen Antrag auf Neuerteilung der Fahrerlaubnis beim Straßenverkehrsamt. Dann füllen Sie den Anmeldecoupon des Informationsblattes aus und schicken ihn an die MPU-Gutachtenstelle Ihrer Wahl innerhalb der drei genannten Bundesländer.

«BUSS» findet in den medizinisch-psychologischen Untersuchungsstellen der TÜV Gruppe Nord statt (→ Adressen im Anhang). Sollte die Begutachtung ergeben, daß eine spezielle Schulung notwendig ist, können Sie diese ebenfalls an den Untersuchungsstellen durchführen.

Je nach Fragestellung des Straßenverkehrsamts kostet «BUSS» zwischen 790 und 1085 Mark. Darin enthalten sind die Untersuchung und das Gutachten. Bei ungünstiger Beurteilung wird kein Gutachten erstellt, statt dessen wird der Promillesünder ausführlich beraten.

Zusätzliche Maßnahmen, etwa eine spezielle Schulung nach dem Modell «LEER», werden gesondert abgerechnet.

Informationsabende und Einzelberatungsgespräche

Bei MPU-Gutachterstellen (→ siehe Anhang) werden allgemeine Informationsabende für Promillefahrer angeboten. Hier können Sie sich erkundigen, wann der nächste kostenlose Informationsabend stattfindet. Als Teilnehmer bleiben Sie anonym. Die Informationsabende dauern etwa anderthalb bis zwei Stunden und werden von einem MPU-Gutachter abgehalten, der auch allgemeine Fragen beantwortet. Allerdings wird hier nicht auf die jeweilige persönliche Situation eingegangen.

Es gibt bei diesen Gutachten-Stellen allerdings auch «Einzelberatungsgespräche» für rund 135 bis 175 Mark. Diese Termine müssen Sie konkret absprechen und die Kosten vorher überweisen. Zu dem Gespräch sollten Sie Ihre aktuellen Blutwerte und alle schriftlichen Unterlagen mitbringen. Notizen werden nur mit Einverständnis des Ratsuchenden gemacht; etwa darüber, daß Sie einen Beratungstermin hatten – was ja nur positiv ist – und zu welchen Maßnahmen der Psychologe rät, z. B. Abstinenz, Therapie bei Verkehrspsychologen, Entwöhnungskur.

Mit der Teilnahme an diesen Gesprächen zeigen Sie, daß Sie sich ernsthaft mit der Promillefahrt und den Gründen dafür beschäftigen.

Ebenso ratsam ist ein ausführliches Beratungsgespräch mit einem niedergelassenen Verkehrspsychologen.

Entgiftungs- und Entwöhnungsmaßnahmen

Je nach dem Ausmaß Ihres Alkoholproblems ist möglicherweise eine etwa zweiwöchige Entgiftungsbehandlung in einer Klinik erforderlich. Danach sollte eine stationäre oder ambulante Entwöhnungstherapie über rund drei Monate anschließen. Leider ist es in der Praxis meist so, daß die zeitlichen Abstände zwischen Entgiftung und Entwöhnung durch verschiedene Kostenträger (Kranken- und Rentenkasse) viel zu weit auseinanderliegen. Achtung: Private Krankenversicherungen zahlen in der Regel nicht für Entwöhnungstherapien.

Für den bestmöglichen zeitlichen Ablauf und die Beantragung kann der Hausarzt sorgen. Auch Selbsthilfegruppen sind empfehlenswert, etwa «FABA», «Anonyme Alkoholiker», «Caritas» etc. (→ siehe Anhang).

Die Krankenkassen zahlen allerdings nur für die Entgiftung, nicht aber für die Entwöhnung.

Gutachterstellen verlangen in der Regel etwa zwölf Monate Abstinenz nach dem Abschluß von Entgiftungs- oder Entwöhnungsbehandlungen. Sie sollten sich allerdings keinesfalls davon abbringen lassen, entsprechende Maßnahmen für sich in Anspruch zu nehmen, nur weil sich dadurch eventuell Ihre führerscheinlose Zeit verlängert. Es geht nicht nur darum, die Fahrerlaubnis wiederzubekommen, sondern auch um Ihre Gesundheit. Sie sollten bereits während oder spätestens nach Abschluß all dieser Therapien zumindest ein Beratungsgespräch mit einem erfahrenen Verkehrspsychologen führen. Dieser Fachmann kann einschätzen, ob auch wirklich die Voraussetzungen für eine positive MPU geschaffen sind.

Wie erkennt man unseriöse Anbieter?

Nicht alle Anbieter von «Vorbereitungskursen» im Kleinanzeigen-Format sind unseriös.

Sie sollten jedoch unbedingt Abstand nehmen von Anzeigen, die versprechen, daß Sie nach nur ein paar Stunden Beratung «garantiert» ein positives Gutachten bei der MPU bekommen.

Ängste vor dem «Idiotentest» MPU führen oft dazu, daß sich die Betroffenen an unseriöse Anbieter wenden. Ein MPU-Gutachten kostet etwa 700 Mark – Durchfallen kann daher teuer werden. Die sogenannten «Testknacker», die eine angebliche Erfolgsgarantie versprechen, sind jedoch oft noch teurer.

Selbst der erfahrenste Verkehrspsychologe kann nicht garantieren, daß Sie nach einer Therapie ein positives Gutachten bei der MPU bekommen. Psychologen raten sogar davon ab, eine MPU zu früh anzugehen. Wenn mit der Aktenlage des Betroffenen klar ist, daß die Gutachtenstelle eine 6- oder 12monatige Alkoholabstinenz oder gar Entgiftungs- oder Entwöhnungstherapien für unumgänglich hält, hat es überhaupt keinen Zweck, zur MPU zu gehen, bevor diese Voraussetzungen erfüllt sind. Nach seriösen Therapien und Aufbauseminaren stehen Ihre Chancen auf eine erfolgreiche MPU jedoch sehr gut.

Eine Checkliste für unseriöse Anbieter hat BASIS 98 (Verkehrspsychologische Dienstleistungen/MPU-Beratung) zusammengestellt (Adresse → siehe Anhang S. 161):

Unseriöse Anbieter sind an folgenden Merkmalen zu erkennen:

- Geld-zurück-Garantie
- Unverhältnismäßige Preisgestaltung (der für [verkehrs-]psychologische Beratung übliche Preisrahmen von 120,– bis 180,– Mark pro Stunde wird von einigen Anbietern um das Zehnfache überboten)
- Die genauen Kosten der Beratung werden dem Kunden vorab

nicht mitgeteilt, «müssen erst anhand seines Bedarfs ermittelt werden».

- Angabe von Erfolgsquoten, ohne darauf hinzuweisen, daß sowohl allgemeine Durchfall- als auch Erfolgswahrscheinlichkeiten für den einzelnen Kandidaten fast ohne Bedeutung sind, weil jeder durch intensive Vorbereitung seine persönliche Erfolgswahrscheinlichkeit selbst bestimmen kann.
- Vermittlung von Frage-Antwort-Katalogen.
- Ausländische Führerscheine werden angeboten.

Die Medizinisch-Psychologische Untersuchung (MPU)

Kleiner Leitfaden, wie Sie Ihren Führerschein garantiert nicht wiederbekommen

- Hören Sie auf «gute Freunde» und Stammtischbrüder, die sagen: «Bis Du Deinen Führerschein wiederhast, kannst Du doch erst recht saufen!»
- Ändern Sie keinesfalls Ihre Alkoholgewohnheiten. Die Schuld suchen Sie bei allen anderen, nur nicht bei sich selbst.
- Stellen Sie sich selbst als Pechvogel dar: Andere trinken auch und fahren Auto, haben nur mehr Glück!
- Gehen Sie völlig unvorbereitet zur MPU.
- Fahren Sie einfach ohne Fahrerlaubnis und damit ohne Versicherungsschutz weiter, möglichst noch mit zuviel Promille – vielleicht werden Sie ja nicht erwischt!
- Wenn Sie Ihren Führerschein auf keinen Fall wiederhaben wollen, Ihr Auto aber nach der ersten Promillefahrt verschrottet werden mußte, können Sie auch betrunken Fahrrad fahren (gesetzliche Promillegrenze 1,6 ‰). Das erhöht Ihre Chancen auf ein sehr langes Fahrverbot.

Pressespiegel:

Weil sich auch Fußgänger an die Verkehrsregeln halten müssen, verurteilte eine Amtsrichterin einen 41jährigen Mann zu einer Strafe von 300 Mark. Er war fast ein Jahr zuvor blindlings mit 3,7 Promille im Blut in ein Auto gelaufen und hatte den Wagen beschädigt. Als Folge des Zusammenpralls hatte er zwar selbst einige Tage in einer Klinik gelegen, doch aus Sicht des Gerichts war er dadurch noch nicht genug gestraft. Das Urteil gegen ihn erging wegen Vollrausches.

Ab etwa 1,6 Promille, vor allem ohne deutliche alkoholbedingte Ausfallerscheinungen wie lallen, Schlangenlinien laufen oder fahren, oder ab zwei Promille und mehr wird es schwierig, die Fahrerlaubnisbehörde und die Gutachtenstelle davon zu überzeugen, daß Sie nach der gerichtlichen Sperre wieder «Kfz-fähig» sind. Das gilt vor allem, wenn Sie die Sperre einfach nutzlos haben verstreichen lassen.

Beide Stellen gehen davon aus, daß Sie womöglich seit Jahren beim Alkoholgenuß über die Stränge schlagen. Als «Normaltrinker» gilt bei den entsprechenden Ansprechpartnern nur jemand, der bis höchstens 1,3 Promille trinken und «vertragen» kann. In MPU-Gutachten ab etwa 1,6 Promille steht deshalb in der Regel ausdrücklich:

«Bei der Analyse der Trunkenheitsfahrt erfordert der festgestellte sehr hohe Blutalkoholwert eine besondere Beachtung. Ein solch hoher BAK-Wert wird von Personen, die mäßig und kontrolliert trinken, auch in Ausnahmesituationen nicht erreicht. Eine hohe Blutalkoholkonzentration (BAK) setzt eine vorangegangene außerordentliche Alkoholzufuhr voraus. Wenn es dadurch nicht zu unmittelbaren körperlichen Reaktionen kommt, die den Antritt der Fahrt von vornherein verhindern, so weist dies auf einen gewohnheitsmäßigen starken Alkoholkonsum hin.

Versuchen Sie erst gar nicht, den Beteiligten zu erzählen, daß der Alkoholkonsum am Tag der entdeckten Promillefahrt nur die absolute Ausnahme war und Sie sonst nie mehr als zwei Gläser Wein / Bier / Schnaps getrunken haben. Sie machen sich verdächtig, den Vorfall und damit Ihren Alkoholkonsum herunterzuspielen.

Der Ablauf der MPU

Der Tag der Untersuchung

Die MPU setzt sich aus einem medizinischen und einem psychologischen Teil zusammen. Die Kosten für diese Untersuchung belaufen sich für Promillesünder auf etwa 700 Mark (Stand März 2000).

- Halten Sie sich diesen Tag frei von anderen Terminen; nehmen Sie unter Umständen einen Urlaubstag. Die MPU kann insgesamt bis zu vier Stunden dauern.
- Versuchen Sie, die Nacht davor ausgiebig zu schlafen, damit Sie möglichst ausgeruht sind. Eine MPU kostet viel körperliche und seelische Kraft.
- Eigentlich erübrigt sich dieser Rat, aber dennoch: Trinken Sie auf gar keinen Fall vorher Alkohol.
- Nehmen Sie keinesfalls Aufputsch- oder Beruhigungsmittel.
- Am besten nehmen Sie überhaupt keine Medikamente zu sich; wenn dies krankheitsbedingt erforderlich ist, sollten Sie es unbedingt dem MPU-Arzt mitteilen und sowohl den Beipackzettel des Medikaments als auch ein Attest des Hausarztes mitnehmen.
- Verkleiden Sie sich nicht, versuchen Sie aber dennoch, ordentlich und seriös zu wirken.
- Rechnen Sie mit Wartezeiten. Bleiben Sie ruhig, nehmen Sie sich etwas zu lesen mit.

Die medizinische Untersuchung

Innerhalb des medizinischen Teils der MPU werden körperliche Befunde ermittelt, aus denen auch auf erhöhten Alkoholkonsum geschlossen werden kann (Leber- und Blutfettwerte etc.).

Überdies interessiert sich der Arzt für Ihre Krankheitsgeschichte: Frühere Erkrankungen, Operationen, eventuell auch der Eltern, der gegenwärtige Gesundheitszustand werden untersucht. Im Mittelpunkt steht natürlich die Frage nach früheren und jetzigen Alkoholkonsumgewohnheiten. Ihr Herz und Ihr Kreislauf werden geprüft, die Leber abgetastet, ein Seh- und Hörtest durchgeführt und das vegetative Nervensystem untersucht.

In einer neurologischen Untersuchung werden Ihre Reflexe untersucht und beobachtet, ob Sie an Händen, Kopf oder Augenlidern zittern.

Bei der Prüfung an den Testgeräten sitzen Sie vor einem Reaktionstestgerät. Daran sind Lichter in verschiedenen Farben angebracht, die in unregelmäßigen Abständen aufleuchten. Sie müssen darauf reagieren. Wer einigermaßen normal reaktionsfähig ist, muß diesen Test nicht fürchten.

Die Leberwerte

«Normale» Leberwerte sind keine Garantie für eine positive Begutachtung bei der MPU, aber eine sehr wichtige Voraussetzung.

Während bei der Durchschnittsbevölkerung der Gamma-GT-Leberwert bei Frauen bis maximal 18 und bei Männern bis maximal 28 liegt, sollte man bei der MPU möglichst niedrigere Werte als diese «Normalgrenzwerte» haben. Gamma-GT-Werte in Grenzwerthöhe sagen lediglich aus, daß in letzter Zeit kein Alkoholmißbrauch stattfand, zeigen aber an, daß wahrscheinlich Alkohol in noch normalem Umfang getrunken wurde.

Damit Sie medizinisch gute Karten haben, sollten Sie dem MPU-Arzt und dem Gutachter auf Abstinenz hinweisende Leberwerte vorlegen. Dies kann ein Beweis dafür sein, daß Sie nach dem einschneidenden Erlebnis des Fahrerlaubnisentzugs nachweisbar ohne Alkohol leben konnten.

Wenn die medizinischen Werte nicht in Ordnung sind oder sich trotz Abstinenz nicht verändern, sollten Sie unbedingt mit Ihrem Hausarzt darüber sprechen. Seien Sie jedoch ehrlich: Haben Sie wirklich keinen einzigen Schluck Alkohol getrunken?

Wer alkoholkrank ist und möglichst ein Leben lang abstinent

bleiben muß, darf keinesfalls «alkoholfreies Bier» trinken, da diese Biere durchschnittlich etwa 0,5 Prozent Restalkohol enthalten. Für körperlich nicht abhängige Menschen und für die Verkehrssicherheit ist alkoholfreies Bier eine feine Sache: Man müßte etwa acht bis zehn Flaschen davon trinken, um die Promillezahl eines einzigen «normalen Biers» zu erreichen.

Lassen Sie möglichst gleich nach dem Führerscheinentzug und dann etwa alle acht Wochen, abschließend rund zehn Tage vor der MPU, die Blutwerte vom Hausarzt feststellen. Diese «gesammelten Werke» sollten Sie unbedingt zur medizinisch-psychologischen Untersuchung mitnehmen. Am Tag der Untersuchung wird meist noch einmal ein komplettes Blutbild erstellt.

Für die MPU wichtig und aussagekräftig sind die in der folgenden Tabelle zusammengestellten (Leber-)Werte. Wenn Sie die Bedeutung der einzelnen Abkürzungen nicht verstehen, wenden Sie sich an Ihren Hausarzt.:

GGT (Gamma-GT)Normwert	bei Männern 6–28 U/l
	bei Frauen 4–18 U/l
MCV	76–96 fl
GLDH	bei Männern bis 4 U/l
	bei Frauen bis 3 U/l
GOT	bei Männern bis 18 U/l
	bei Frauen bis 15 U/l
GPT	bei Männern bis 23 U/l
	bei Frauen bis 19 U/l
ALT	bei Erwachsenen
	60–170 U/l

Dabei handelt es sich um Normalwerte für gesunde Erwachsene, die ab und zu in normalem Umfang Alkohol trinken. Bei MPU-Kandidaten sollten diese Werte möglichst niedriger sein.

Sollten diese Werte nicht sinken oder gar erhöht sein, muß der Hausarzt diesen Umstand begründen. Eventuell ist eine mit dem Hausarzt genau festzulegende Vitamin- und Mineralstoffzufuhr ratsam, um die Leberwerte in Ordnung zu bringen.

Besonders wichtig ist in regelmäßigen Abständen, die der Hausarzt oder der Verkehrspsychologe festlegen sollte, eine Bestimmung des CDT-Wertes. In Laborberichten steht ausdrücklich, daß die CDT-Konzentration bei Männern nur erhöht bzw. außerhalb der Norm liegt, wenn mindestens sieben Tage lang ein täglicher Alkoholkonsum von über 60 g (ca. drei «Halbe Bier» oder drei «Viertel» Wein) vorlag. Bei Alkoholabstinenz normalisieren sich diese Werte in etwa zwei Wochen. Der CDT-Wert kann sich verfälschen durch schwere Lebererkrankungen, zum Beispiel chronisch-aktive Hepatitis, auch durch eine angeborene Störung des GLYKO-Protein-Stoffwechsels oder Eisenmangel.

In etwa achtwöchigen Abständen sollten Sie ev. über die gesamte Fahrerlaubnissperre die Werte von Alkalischer Phosphatase, Bilirubin, Thrombozyten und Harnsäure feststellen lassen.

Bei der MPU wird ein komplettes Blutbild erstellt mit folgenden Werten: Leukozyten, Erythrozyten, Haemoglobin, Haematokrit, MCV, MCH, MCHC, Thrombozyten, Natrium, Kalium, Calcium, Eisen, Bilirubin gesamt, Kreatinin, Harnstoff, Harnsäure, Alkalische Phosphatase, Gamma-GT, GOT, GPT, LDH, Gesamt-Eiweiß, Triglyceride, Cholesterin.

Ab ca. 1,6 bis höchstens 2,5 Promille verlangten Gutachterstellen meist über zwölf Monate auf Abstinenz hinweisende Leberwerte. Ab 2,5 Promille verlangt man in der Regel eine ambulante oder stationäre Entwöhnungstherapie und nach Beendigung dieser Kur ein Jahr Abstinenzbewährung ohne Alkohol, die wiederum am besten mit Laborwerten glaubhaft zu machen ist.

Auch das Alter kann bei der MPU entscheidend sein. Wenn der Promillesünder etwa 50 Jahre alt ist, geht man eher von einem langjährigen Alkoholmißbrauch aus als bei einem 20jährigen. Sie sollten glaubhaft darstellen können, daß ein Vorfall, der noch nicht lange zurückliegt, zum unkontrollierten Alkoholkonsum geführt hat (Tod eines nahestehenden Menschen, Scheidung, extremer Berufsstreß, Krankheit etc.). Bleiben Sie möglichst bei der Wahrheit und arbeiten Sie diese seelische Belastung mit Hilfe eines niedergelassenen Verkehrspsychologen auf.

Die Diskussion um sogenannte «Alkoholmarker»

Bei einem Trunkenheitsdelikt wird durch die Blutprobe lediglich der Promillewert bestimmt. Es wäre aber möglich und sicherlich aussagekräftiger, bei dieser Blutprobe auch sogenannte «Alkoholmarker» im Labor zu bestimmen. Es gibt Laborwerte, die sehr gut Aufschluß darüber geben können, ob in den Tagen und Wochen vor der Promillefahrt zuviel Alkohol getrunken wurde. Wie beweiskräftig solche Leberwerte vor Gericht sein können, zeigt das nachfolgende Urteil:

Aus dem Gerichtssaal

Vor dem Amtsgericht Weilheim / Obb. wurde gegen einen 41jährigen verhandelt, der seinen neuen Job sturzbetrunken um 9.30 Uhr angetreten hatte. Weil er im Auto gekommen war, alarmierte die Firma die Polizei. Die Blutprobe ergab 3,5 Promille, der Mann zeigte kaum Ausfallerscheinungen. Er sei morgens um 6.30 Uhr stocknüchtern losgefahren und habe erst bei der Ankunft auf dem Firmenparkplatz im Auto auf die Schnelle eine große Menge Whisky getrunken, erklärte er. Wegen dieser «Nachtrunkbehauptung» wurden von der Blutprobe neben der Blutalkoholkonzentration (BAK) noch zusätzliche Werte bestimmt. Ein Gutachter der Rechtsmedizin konnte dann anhand des hohen Methanolspiegels in der Blutprobe des Angeklagten beweisen, daß dieser schon tagelang unter Alkoholeinfluß gestanden hatte.

Das Urteil: Vier Monate Bewährungsstrafe, 18 Monate Führerscheinsperre und eine Alkoholtherapie.

Überdurchschnittlicher Alkoholkonsum kann auch für überhöhte Blutfettwerte (Triglyceride und Cholesterin-Werte) verantwortlich sein. Sie begünstigen in hohem Maß etwa Herzinfarkte und Schlaganfälle. Sie sollten die Gelegenheit beim Schopf packen und gleich auch Ihre Ernährung umstellen – Ihrer Gesundheit zuliebe.

Die psychologische Untersuchung

Die nachfolgenden Tipps habe ich nach eigenen Erfahrungen, Gesprächen mit Fachpsychologen, mit Hilfe von Fachzeitschriften und -büchern und vor allem mit der freundlichen Unterstützung von Herrn Rechtsanwalt Dr. Klaus Himmelreich, Köln, zusammengestellt.

Nutzen Sie die Wartezeit bei der MPU dazu, in Gedanken noch einmal Ihre «Promillegeschichte» durchzugehen, also Lebensumstände, Verhaltensweisen vor und nach der Alkoholfahrt. Damit sich der MPU-Psychologe in die Situation des Betroffenen hineinversetzen kann, benötigt er eine möglichst plastische und lebensechte Schilderung. Hierzu sollten Sie ruhig etwas weiter ausholen und die äußere und innere Situation beschreiben, in der Sie sich am Tag oder in der Zeit vor dem Verkehrsdelikt befanden. Sie stellen dann Ihre Gründe und Motive dar, aus denen heraus es zu der Trunkenheitsfahrt kam. Das heißt nicht, daß Sie Entschuldigungen suchen sollen. Versuche, die eigene Schuld abzuwälzen oder zu verharmlosen, werden immer negativ beurteilt.

Sie sollten bei der MPU eigene Fehler und falsche Verhaltensmaßnahmen im Prinzip zugeben, ohne sich deshalb seelisch völlig zu entblößen. Sagen Sie bitte nicht: «Ich habe an diesem Tag nur etwas getrunken, weil XY sonst beleidigt gewesen wäre – ich trinke sonst niemals mehr als ein Glas.» Bemühen Sie sich vielmehr um eine selbstkritische und nachdenkliche Tathergangs-schilderung: «Damals war ich beruflich im Streß, da habe ich die Verkehrsregeln weniger wichtig genommen und sie deshalb nicht beachtet. So war das auch an dem Tag, als ich in alkoholisiertem Zustand Auto gefahren bin.» Um den Tathergang schildern zu können, sollten Sie sich die damalige Lebenssituation (Beruf, Freundschaften, Partnerschaft) umfassend und genau vor Augen führen und die eigene Verantwortung an den Lebensproblemen beleuchten, die sich auf den Straßenverkehr ausgewirkt haben können, etwa so: «Durch den Alkoholkonsum habe ich meinen Streß, meine Frustrationen und die Alltagssorgen ausgleichen wollen.»

Schließlich sollten Sie die Alkoholfahrt selbst schildern, so daß deutlich wird, daß Sie nun erkannt haben, wie stark der Alkohol damals die eigene Fahrtüchtigkeit beeinträchtigt hat. Beachten Sie:

- Lassen Sie sich von «Leidensgenossen» nicht negativ beeinflussen. Dem Gutachter gegenüber sollten Sie keinesfalls andeuten, daß Sie die Untersuchung anzweifeln oder «nicht nötig haben».

- Wenn Sie möglichst genau die Wahrheit sagen, besteht keine Gefahr, daß Sie sich in Widersprüche verwickeln. Dennoch müssen Sie sich von den Gutachtern nicht bis in den allertiefsten Grund Ihrer Seele blicken lassen. Allerdings ist zu empfehlen, den Unterschied zwischen der eigenen Einstellung hinsichtlich der Alkoholfahrt damals und heute herauszuarbeiten. Zu jeder echten Selbstkritik gehört außerdem ein schonungsloses Eingehen auf die Schwachstellen des eigenen Charakters, die zu dieser Tat beigetragen haben.

- Selbstkritik hat nichts mit einer «Pechvogelmentalität» zu tun. Verharmlosen Sie nichts, schieben Sie die Schuld nicht auf andere! Sätze wie: «Die Polizisten haben mir vor der Kneipe aufgelauert, der Nachbar hat mich ‹reingerissen›, mein Stamm-

tischfreund trinkt viel mehr und wurde noch nie erwischt ...»
sind das Gegenteil von konstruktiver Selbstkritik.

- Der Gutachter muß deutlich spüren, wie sehr es Ihnen zusetzt,
durch die Alkoholfahrt das Leben von Menschen in Gefahr gebracht zu haben. Sie sollten darstellen können, daß Sie sich inzwischen darüber informiert haben, wie hoch die Gefahr wäre,
rückfällig zu werden, wenn Sie Ihr Verhalten nicht geändert
hätten, etwa durch Aufbauseminare, verkehrspsychologische
Therapien o. ä.
- Bereits aus Ihrer Sachverhaltsschilderung muß hervorgehen,
daß Sie inzwischen genaue Vorstellungen davon haben, wie Sie
künftig Alkoholfahrten vermeiden wollen. Ein auf die eigene
private und berufliche Lebenssituation bezogenes «Anti-Rückfall-Programm» muß erkennbar werden. Wer nur sagt: «Bei
der nächsten Feier lasse ich das Auto ganz bestimmt zu Hause»,
ist nicht glaubwürdig. Wer dagegen mit Hilfe von Aufbauseminaren oder verkehrspsychologischen Therapien ein entsprechendes «Anti-Rückfall-Programm» erlernt und verfestigt hat,
ist bedeutend vertrauenswürdiger.
- Es werden möglicherweise Fragen gestellt nach Elternhaus,
Ausbildung, Beruf, Familienleben, Kindern, Krankheiten,
Operationen, die seelisch schwer zu verkraften waren. Auch
nach Ihrem Tabakkonsum wird gefragt, denn Nikotin ist ein
Genußgift, das ebenso abhängig macht wie Alkohol. Die Psychologen werden Sie nicht nach sexuellen Vorlieben oder ähnlich intimen Dingen fragen.

Im Mittelpunkt der Befragung stehen Ihre jetzigen, hoffent-
lich völlig veränderten und vernünftigen Alkoholkonsumgewohnheiten im Gegensatz zu Ihren früheren. Warum trinken Sie
jetzt gar keinen oder erheblich weniger Alkohol? Man ändert erst
seine über viele Jahre verfestigten Gewohnheiten, wenn man
auch Angst hat, daß der Alkohol das berufliche und private Leben beeinträchtigen oder gar zerstören könnte.

Mit den folgenden Fragen versucht der Psychologe zusätzliche Hinweise auf die Fähigkeit des Betroffenen zur Selbstkontrolle zu bekommen.

- In welcher Umgebung und mit welchen Leuten haben Sie Alkohol getrunken? Haben Sie bewußt einen Umgang gewählt, der gerne trinkt, dem es nicht so auffiel, wenn Sie selbst zuviel tranken? Haben Sie den Bekanntenkreis inzwischen gewechselt? Oder können Sie sich in diesem Kreis inzwischen auch ohne Alkoholkonsum behaupten?

- Wieviel haben Sie vor dem Führerscheinverlust durchschnittlich getrunken? Sie sollten zugeben, wenn Sie ab und zu erheblich über die Stränge geschlagen haben! Der Psychologe verlangt zu Recht, daß Sie sich ganz genau erinnern, wieviel Alkohol Sie früher getrunken haben, damit Sie diesen Pegel künftig vermeiden können.

- War es schwer, weniger oder gar keinen Alkohol mehr zu trinken? Wer sagt, «es habe ihm überhaupt nichts ausgemacht, nichts mehr zu trinken», hat verloren, denn das ist völlig unglaubwürdig. Glaubwürdiger ist es, wenn Sie beim ersten Versuch, weniger zu trinken, versagt haben und das auch zugeben. Oft ist es leichter, gar nichts zu trinken, als nach dem dritten Glas aufzuhören. Haben Sie doch wieder mehr getrunken, als Sie sich vorgenommen hatten, und deshalb erst mal ganz auf Alkohol verzichtet?

- Haben Sie gute Erfahrungen mit dem Leben ohne Alkohol gemacht? Dann sprechen Sie darüber! Solche Erfahrungen können sein:

- kein Kater mehr am «Morgen danach», besseres Verhältnis zum (Ehe-)Partner, den vielleicht der Alkoholkonsum gestört hat, höhere Leistungsfähigkeit, das Gefühl, gesünder zu sein, das Gefühl, nicht mehr unkontrolliert zuviel von sich preiszugeben, neue Hobbys, die viel Spaß machen, ein stabileres seelisches und gesellschaftliches Leben.

Sie sollten durchaus mit Überzeugung und auch deutlich spürbarer Befriedigung über Ihre «Lernphase» nach der Promillefahrt berichten können.

Zu früh zur MPU

Obwohl sich die meisten einerseits vor der MPU fürchten, können sie es andererseits kaum erwarten, diesen Tag endlich hinter sich zu bringen. Leider gehen viele Betroffene daher zu früh zur MPU.

Nehmen wir an, ein Autofahrer, der mit 2,3 Promille im Blut erwischt wurde, geht acht oder neun Monate nach der Trunkenheitsfahrt zur MPU. Er hat keinerlei verkehrspsychologische Beratungen oder Therapien, keinen freiwilligen Nachschulungskurs absolviert und auch keine «gesammelten Leberwerte» vom Hausarzt dabei. Nun sitzt er vor dem Gutachter und sagt: «Ich habe vor meiner entdeckten Promillefahrt zwar etwas über die Stränge geschlagen. Es war ohnehin höchste Zeit, daß ich weniger trinke. Fachliche Hilfe habe ich nicht gebraucht und die Leberwerte vom Hausarzt habe ich leider auch nicht dabei. Aber ich schwöre, daß ich seit dem Führerscheinentzug wirklich nichts mehr getrunken habe und auch nie wieder etwas trinken werde!»

In diesem Fall ist dem MPU-Kandidaten ein negatives Gutachten so gut wie sicher. Wenn durch die persönliche Vorgeschichte etwa ein Alkoholabstinenz-Nachweis von sechs oder zwölf Monaten verlangt wird und nicht vorliegt oder nicht glaubhaft gemacht werden kann, sieht es schlecht aus für den Betroffenen.

Sie sollten also unbedingt Ihre gesammelten Blutwerte zur MPU mitnehmen.

Auch die Gelegenheit zur fachpsychologischen Beratung sollten Sie nicht ungenutzt verstreichen lassen, auch deshalb, weil sich im Laufe fast jedes Lebens so manches Problem ansammelt, das es wert ist, mit fachlicher und außenstehender Hilfe besprochen zu werden.

Wer sich nicht um die in seinem Fall notwendige fachliche Hilfe bemüht, wer den geforderten Abstinenznachweis nicht glaubhaft machen kann, kann sich die Kosten für die Untersuchung sparen.

Der Grund dafür, daß Sie überhaupt einen MPU-Termin bekommen, obwohl die Voraussetzungen noch nicht erfüllt sind, liegt darin, daß Gutachtenstellen in der Regel erst am Tag der Untersuchung die Aktenlage studieren. Deshalb lohnt sich die Investition in ein frühzeitiges Beratungsgespräch.

In manchen «MPU-Ratgebern» werden Testfragebögen («MMPI-Testfragen») beschrieben, die angeblich bei der MPU ausgefüllt werden müssen. Tatsache ist, daß diese Fragen seit Jahren nicht mehr eingesetzt werden.

In diesen Ratgebern wird von einer «Durchfallquote» von bis zu «91,4%» gesprochen. Zutreffend ist, daß rund 30 Prozent ein positives Gutachten und weitere rund 20 Prozent ein Gutachten mit Zuweisung zu einem Aufbauseminar erhalten. Die «Durchfallquote» liegt also real bei etwa 50 Prozent.

Das MPU-Fahreignungsgutachten

MPU-Fahreignungsgutachten beginnen mit den persönlichen Daten; danach folgt die Beschreibung des Deliktes, das zur Forderung nach einer MPU durch das Führerscheinamt geführt hat. Das kann etwa so aussehen:

- «1993 – Fahrlässige Trunkenheit im Verkehr (BAK 2,32 Promille um 0.12 Uhr, Tatzeit gegen 23.40 Uhr – fuhr mit dem Mofa infolge alkoholbedingter Fahruntüchtigkeit in Schlangenlinien)

Die Fahrerlaubnis wurde bereits früher entzogen, nachdem folgende Auffälligkeiten vorangegangen waren:

- 1985 Fahrlässige Trunkenheit im Verkehr (BAK 1,30 Promille)

- 1986 Gefährlicher Eingriff in den Straßenverkehr – fuhr auf Fußgängergruppe zu, die den Fußgängerweg überquerte.
- 1986 Im Straßenverkehr ein KFZ geführt mit einer BAK von 1,89 Promille.»

Daraufhin folgt ein allgemeiner Teil, in dem Aufgabe und Fragestellung der Fahreignungsuntersuchung erläutert werden.

(...) In den «Befunden der Fahreignungsuntersuchung» werden die Ergebnisse des medizinischen und des psychologischen Teils der Untersuchung gesondert behandelt und die Teilnahmebestätigungen von Kursen, Psychotherapien und die mitgebrachten Leberwerte erörtert. Im Teil «Leistungsdiagnostik» beschreiben die Gutachter den Reaktionstest. Erst am Schluß des Gutachtens folgt die Beurteilung. Im Mittelpunkt steht dabei die Frage, ob sich der Teilnehmer bewußt und erfolgreich mit seinem Alkoholproblem auseinandergesetzt und es bewältigt hat. Hier ein Auszug aus einem positiven Gutachten:

Auszug aus einem positiven Gutachten des TÜV München:

«Herr XY hat sich mit seiner Trink-Fahrproblematik auseinandergesetzt, ein ausreichendes Verständnis seiner Alkoholproblematik erworben und Einstellungskorrekturen vorgenommen, die künftige Trunkenheitsfahrten mit hoher Wahrscheinlichkeit ausschließen.

Im Verlauf des psychologischen Untersuchungsgespräches ergaben sich ausreichende Befunde dafür, daß Herr XY aus seinem Fehlverhalten und den nachfolgenden Sanktionen die richtigen Schlüsse gezogen und deren Umsetzung folgerichtig eingeleitet hat. Es haben sich deutliche Veränderungen in seinen Einstellungen und daraus resultierend auch in seiner Lebensplanung ergeben. Herr XY bemühte sich im psychologischen Untersuchungsgespräch um eine genaue Darstellung der Veränderungen, die er seit seinem Trunkenheitsdelikt vollzogen hat.

DIE MEDIZINISCH-PSYCHOLOGISCHE UNTERSUCHUNG (MPU)

Insgesamt wurde aus den Darstellungen von Herrn XY deutlich, daß er sich ausreichend selbstkritisch mit seiner Vorgeschichte auseinandergesetzt hat. Zwar sind die eingeleiteten Verhaltensänderungen noch nicht endgültig stabilisiert, die dargestellten Veränderungen sind aber als soweit gefestigt anzusehen, daß unter Abwägung aller Befunde eine positive Prognose vertretbar ist.

Das in der Analyse der Vorgeschichte beschriebene allgemeine Wiederholungsrisiko für eine erneute Trunkenheitsfahrt wird somit durch die konkreten Befunde unserer Untersuchung im individuellen Fall entkräftet.»

Schließlich kommen die Gutachter zu folgender Einschätzung: (...) «Insgesamt muß das Risiko, daß es bei Herrn XY auch in Zukunft wieder zu Trunkenheitsfahrten kommt, nicht mehr als erhöht eingeschätzt werden. Die aufgrund der Vorgeschichte bedingte hohe Wiederholungswahrscheinlichkeit für eine erneute Alkoholfahrt läßt sich durch die spezifischen Befunde unserer Untersuchung entkräften.»

Auszüge aus einem negativen Gutachten mit Zuweisung zum Kurs «LEER» oder «I.R.A.K.»

Die Einschätzung des Gutachters: «Über sein Trinkverhalten hat der Untersuchte ziemlich unbefangen berichtet. Daraus läßt sich zum einen ableiten, daß Trinkmengen und Trinkmotive bisher kaum reflektiert und auch kein Problembewußtsein entwickelt wurde. Zum anderen stellt die Grundhaltung, die sich in der unbefangenen und unverdeckten Darstellung äußert, jedoch eine bessere Basis für den Erwerb neuer Einstellungs- und Verhaltensstrukturen dar als die häufigen Verharmlosungsversuche.

Eine kritische, auf Selbstbeobachtung gestützte Teilnahme zur Vorgeschichte und zu den Trinkgewohnheiten, die Vorbedingung für eine Verhaltensänderung wäre, konnte insgesamt noch nicht festgestellt werden.

Über alkoholbezogenes Sachwissen (Alkoholgehalt von Getränken, Abbauzeiten, körperliche Wirkung) zeigte sich der Untersuchte im Verlauf des Gesprächs kaum oder falsch informiert.

Das Risiko eines erneuten Trunkenheitsdelikts liegt bei Herrn XY deutlich über dem von Kraftfahrern, die noch nicht mit Alkohol im Straßenverkehr aufgefallen sind. Diese statistisch gesehen hohe Rückfallquote läßt sich durch die spezifischen Befunde unserer Untersuchung nicht entkräften.

In einem Nachschulungskurs für alkoholauffällige Kraftfahrer können die vorliegenden Eignungsmängel behoben werden. (…)

Nach erfolgreicher Kursteilnahme kann erwartet werden, daß Herr XY in Zukunft nicht häufiger mit Trunkenheitsdelikten im Straßenverkehr auffällig wird als Kraftfahrer, die bisher noch nicht durch Trunkenheit im Straßenverkehr auffällig waren.»

Dennoch ist ein solches Gutachten schon der «halbe Sieg». Kurse dieser Art erstrecken sich über etwa vier Wochen. Sobald Sie das schriftliche MPU-Gutachten in Händen halten, sollten Sie sich nach kurzer Rücksprache mit der Fahrerlaubnisbehörde zum Kurs anmelden.

Auszüge aus einem negativen Gutachten ohne weitere Empfehlung

«Die Darstellung der Verkehrsauffälligkeit vom Mai 1985 war relativ präzise und differenziert. Es wurde erkennbar, daß Herr XY sich mit den Bedingungen seines damaligen Fehlverhaltens auseinandergesetzt hat. Die eigene Verantwortlichkeit wurde selbstkritisch eingeräumt. Der Untersuchte sieht die Gefährlichkeit der damaligen Verhaltensweise und ist bemüht, dieser entgegenzusteuern.

Die Darstellung der Alkoholauffälligkeiten wies demgegenüber erhebliche Mängel auf. Die aktenkundigen Vorkommnisse wurden nur oberflächlich und wenig selbstkritisch kommentiert. Herr XY vermochte zumindest bis zum Zeitpunkt seines letzten Auffälligwerdens aus früheren Erfahrungen keinen einschneidenden Lerngewinn zu ziehen. Ein angemessenes Risikobewußtsein wurde nicht entwickelt.

Die zuletzt gemessenen BAK-Werte lassen sich aus den vom Untersuchten angegebenen Trinkmengen nicht erklären. Das Verharmlosen der Trinkmengen wie auch die hierzu geäußerten Bemerkungen («ein paar Bierchen»: – an die acht Biere und zwei, drei Schnäpse) zeigen Unverständnis und mangelnde Betroffenheit.

Die Verantwortung für eigenes Fehlverhalten wird nicht übernommen. Es fällt bei der Schilderung der zuletzt aktenkundigen Alkoholfahrt (mit dem Mofa) auf, daß sich Herr XY dabei trotz seines BAK-Wertes von 2,32 fahrtüchtig fühlte. Es wurde deutlich, daß dieser Sachverhalt von ihm weder als Problem gesehen noch als Hinweis auf überdurchschnittliche Alkoholgewöhnung begriffen worden war. Dies weist auf einen ausgeprägten Mangel an selbstkritischer Auseinandersetzung mit dem eigenen Verhalten hin.

(...) Ein erhöhter gewohnheitsmäßiger Alkoholkonsum wurde von ihm verneint. Die angeblich seit Anfang dieses Jahres eingetretene Alkoholabstinenz des Untersuchten muß vor dem Hintergrund der individuellen Vorgeschichte gesehen werden. Diese enthält zahlreiche Hinweise auf eine längere Gewöhnung an weit überdurchschnittliche Alkoholmengen. Dem Untersuchten ist weder diese frühere Gewöhnung noch der Aufwand an Zeit und Selbstkontrolle, der nötig ist zum Abbau dieser Gewohnheitsbildung, bewußt. Die angegebene Verhaltensänderung hat eher den Charakter einer zeitweiligen ‹Good-will-Phase› als einer grundlegenden Umorientierung in Überzeugung und Verhalten. Eine akzeptable Basis für eine erfolgreiche, dauerhafte Veränderung ist derzeit noch nicht zu erkennen. Dabei muß auch bedacht werden, daß Herr XY trotz vorangegangener MPU (vor etwa fünf Jahren) mit Alkohol im Straßenverkehr rückfällig geworden ist. (...)

Die Absichtserklärungen und Wertungen des Untersuchten weisen zwar in die richtige Richtung. Diese Vorsatzbildung sowie die von Herrn XY hierzu angegebenen Motive sind jedoch kaum einzuschätzen. Der derzeitig angeblich bestehenden Enthaltsamkeit kann keine prognostisch günstige Bedeutung zukommen.

Insgesamt werten wir die eingeleitete Verhaltensänderung als positiv. Die Ansätze positiver Persönlichkeitsveränderungen sind jedoch zum gegenwärtigen Zeitpunkt zu wenig tiefgreifend und erprobt, um auch in Belastungssituationen als hinreichend gefestigt gelten zu können. Eine günstige Prognose ist derzeit noch nicht stichhaltig zu begründen.»

Was tun mit einem negativen Gutachten?

Schon wenn Sie die Fahrerlaubnis erneut beantragen, sollten Sie in der «Einverständniserklärung» zur MPU unbedingt ankreuzen, daß das Gutachten nur an Sie persönlich und nicht direkt an die Fahrerlaubnisbehörde gesendet werden soll. Wird ein negatives Gutachten direkt an die Behörde geschickt, kommt es in die Führerscheinakte und bleibt dort zehn Jahre. Wird das Gutachten dagegen nur an den Untersuchten persönlich geschickt, kann er das negative Gutachten erst einmal in Ruhe überdenken, mit Personen seines Vertrauens besprechen und eventuelle Gegenmaßnahmen ergreifen. Der Rechtsanwalt oder der Fachpsychologe des Betroffenen kann das negative Gutachten etwa auf «grobe Mängel», «unlösbare Widersprüche» u. ä. überprüfen. In aller Regel müssen Sie sich allerdings mit der Einschätzung der Gutachter abfinden.

Dennoch ist es grundsätzlich möglich, ein sogenanntes «Obergutachten» einzuholen. Sie werden meist von Psychologischen Instituten an Universitäten oder von Gerichtsmedizinischen Instituten erstellt. Ein «Obergutachten» geht nicht auf das alte (negative) Gutachten ein, sondern erstellt ein völlig neues Fahreignungsgutachten.

Während ein «normales» Gutachten Promillesünder rund 700,– Mark kostet und bis zu vier Stunden dauert, kostet ein Obergutachten rund 2000,– Mark und kann einen ganzen Tag in Anspruch nehmen.

Übrigens hat auch die Fahrerlaubnisbehörde das Recht, in besonderen Fällen ein Obergutachten zu fordern.

Haben Sie ein negatives Gutachten erhalten, sollten Sie unbedingt Ihren bisherigen Antrag auf Neuerteilung der Fahrerlaubnis zurückziehen oder eine Verlängerung beantragen. Damit verhindern Sie, daß die beantragte Fahrerlaubnis versagt wird und die entsprechende Verfügung als Verwaltungsakt für zehn Jahre beim Kraftfahrtbundesamt in Flensburg eingetragen wird. Mit der Zurückziehung Ihres Antrags endet das laufende Verwaltungsverfahren.

Zu gegebener Zeit, am besten nach einem Aufbauseminar oder einer verkehrspsychologischen Therapie, stellen Sie wieder einen neuen Antrag bei der Fahrerlaubnisbehörde. Die Fahrerlaubnisbehörde wird dann selbstverständlich wieder ein positives MPU-Gutachten fordern, das fristgerecht vorgelegt werden muß. Die neue Gutachterstelle entnimmt nun in der Regel den Akten, daß vorher schon ein negatives Gutachten erstellt wurde. Sie sollten dem neuen Gutachter von sich aus die Einsichtnahme in das alte Gutachten ermöglichen, um damit von vornherein die Bereitschaft zur Kooperation zu signalisieren. Bitte beraten Sie sich hierüber mit Ihrem Verkehrspsychologen oder Rechtsanwalt.

Das alte, negative Gutachten sollten Sie allerdings nicht unbegrenzt der Gutachterstelle überlassen, sonst gerät es wiederum in die Verwaltungsakte.

Im eigenen Interesse sollten Sie erst wieder zur nächsten MPU gehen, wenn die Chancen auf ein positives Gutachten wirklich gut sind. Alles andere kostet wertvolles Geld.

Es ist sicher niederschmetternd, ein negatives Gutachten ohne Kurszuweisung zu bekommen, denn das bedeutet, daß Sie den

Führerschein erst einmal nicht wiederbekommen. Aber: Nutzen Sie dieses Gutachten, um etwas daraus zu lernen. Am besten besprechen Sie mit seriösen Verkehrspsychologen, was Sie tun sollten, um die Fahreignung wiederzuerlangen.

Alkohol am Steuer:
Was dürfen Sie trinken?

Wieviel Alkohol macht fahruntüchtig?

In Deutschland gibt es fünf abgestufte Promillegrenzen:

- 0,3 ‰ – Straftat (bei alkoholbeeinflußten Fahrfehlern oder Unfall)
- 0,5 ‰ – Ordnungswidrigkeit (ohne Fahrfehler/Unfall) – noch – ohne Fahrverbot
- 0,8 ‰ – Ordnungswidrigkeit (ohne Fahrfehler/Unfall) mit Fahrverbot
- 1,1 ‰ – Straftat (auch ohne Fahrfehler/Unfall)
- 1,6 ‰ – Straftat – MPU-Gutachten-Forderung des Führerscheinamts

Diese Grenzen nützen wenig, wenn man nicht weiß, nach wie vielen Getränken man bei welchen Promillewerten liegt. Theoretisch gilt: Die sicherste Grenze ist 0,0 ‰. Allerdings haben sich 0,0-Promille-Grenzen als wirklichkeitsfremd herausgestellt. So gab es auch in der ehemaligen DDR trotz 0,0-Promille-Regelung anteilig ebenso viele Alkoholfahrten und Promilleunfälle zu beklagen wie in der Bundesrepublik mit der damaligen 0,8-Promille-Grenze.

Seit Einführung der 0,5-Promille-Grenze im Mai 1998 wird explizit auch vor geringem Alkoholkonsum gewarnt.

Immer noch streiten sich Politiker, Autoclubs und Verbände über die Einführung eines Fahrverbots bereits bei 0,5 Promille. Während einige die Meinung vertreten, daß ein solches Fahrverbot der Deutlichkeit und Rechtssicherheit dienen würde, zumal sich die Unfallgefahr schon bei 0,5 Promille verdoppelt, führen andere ins Feld, daß ein nur geringer Teil der alkoholbedingten Unfälle zwischen 0,5 und 0,8 Promille verursacht wird.

Das ist zwar richtig, aber: Vor einem Fahrverbot, und sei es nur einen Monat lang, fürchten sich Promillesünder viel mehr als vor zwei Punkten in Flensburg und 200 Mark Geldbuße. Es ist überdies wissenschaftlich erwiesen, daß bereits bei 0,2 Promille die Kritik- und Urteilsfähigkeit nachläßt und die Risikobereitschaft ansteigt. 0,2 Promille kann man bereits nach dem ersten Getränk haben.

Schon geringe Mengen Alkohol haben starke Auswirkungen auf die körperliche und geistige Leistungsfähigkeit:

0,2 Promille
- Leichte Verminderung der Sehleistung
- Verlängerte Reaktionszeit
- Nachlassen der Aufmerksamkeit, Konzentrations-, Kritik- und Urteilsfähigkeit
- Anstieg der Risikobereitschaft
- Verschlechterung der Wahrnehmungsfähigkeit für bewegliche Lichtquellen
Ab 0,3 ‰ werden alkoholbedingte Fahrfehler oder ein Unfall bereits als Straftat angesehen.

0,5 Promille
- Verminderung der Sehleistung um ca. 15 Prozent
- Die Hell-/Dunkel-Anpassung der Augen wird langsamer
- Eine Rotlichtschwäche tritt auf
- Das Hörvermögen ist herabgesetzt
- Beginnende Enthemmung
- Anstieg der Reizbarkeit
- Fehleinschätzungen von Geschwindigkeiten

Ohne alkoholbedingte Fahrfehler oder Unfall gilt dieser Promille-wert am Steuer als Ordnungswidrigkeit: zwei Punkte, 200 Mark Geldbuße, kein Fahrverbot (bis Ende 2000 ist ein Fahrverbot ge-plant!).

0,7 Promille
- Gleichgewichtsstörungen treten auf
- Die Nachtsehfähigkeit läßt nach
- Die Reaktionszeit wird länger
Ohne Unfall oder alkoholtypische Fahrfehler gilt dieser Promille-wert als Ordnungswidrigkeit wie mit 0,5 ‰.

0,8 Promille
- Ausgeprägte Konzentrationsschwäche
- Rückgang der Sehfähigkeit um ca. 25 Prozent
- Die Reaktionszeit ist um 35–50 Prozent verlängert
- Euphorie (übertriebene Gefühlsäußerungen) setzt ein
- Enthemmung nimmt zu
- Der Angetrunkene überschätzt sich
- Eine Blickfeldverengung setzt ein (Tunnelblick)
- Die Wahrnehmung von Gegenständen und das räumliche Se-hen sind stark beeinträchtigt
- Die Kontrolle über willkürliche Augenbewegungen geht verlo-ren
Ohne Unfall oder alkoholtypische Fahrfehler gilt dieser Promille-wert als Ordnungswidrigkeit, der mit ein bis drei Monaten Fahr-verbot, vier Punkten und einer Geldbuße in Höhe von 500 bis 3000 Mark geahndet wird.

1,1 Promille
- Beginn der absoluten Fahruntauglichkeit
- Weitere Verschlechterung des räumlichen Sehens und der Hell-/Dunkel-Anpassung

- Massive Aufmerksamkeits- und Konzentrationsverluste
- Maßlose Selbstüberschätzung durch gesteigerte Enthemmung und Verlust der Kritikfähigkeit
- Das Reaktionsvermögen ist erheblich gestört
- Starke Gleichgewichtsstörungen
- Sprechstörungen
- Verwirrtheit
- Orientierungsstörungen

  Dieser Promillewert am Steuer gilt als Straftat – auch ohne Fahrfehler oder Unfall. Ein bis zwei Monatsgehälter Geldstrafe und der Entzug der Fahrerlaubnis sind die Folge.

1,6 Promille
Hier fordert das Führerscheinamt auch bei Ersttätern eine MPU.

2,2 Promille
- Ausgeprägte Gleichgewichts- und Koordinationsstörungen
- Gedächtnislücken setzen ein
- Bewußtseinsstörungen treten auf
- Das Reaktionsvermögen ist kaum noch vorhanden

3,0 Promille
- Stadium der Volltrunkenheit
- Schwere Alkoholvergiftung
- Tiefe Bewußtlosigkeit
- Gedächtnisverlust (Filmriß)

4,0 Promille
- Es kommt zu Lähmungen, unkontrollierten Ausscheidungen und Atemstillstand.

Wie Alkohol wirkt

0,2- 0,3 ‰
Aufgelockert
Geteilte Aufmerksamkeit, psychisch aufgelockert
Autofahren:
Mut zu riskanter Fahrweise wächst. Bei auffälliger Fahrweise Strafe ab 0,3 Promille

0,4- 0,7 ‰
Angeheitert
Komplexe Funktionen beeinträchtigt
Autofahren:
Beginnender Tunnelblick, Fehleinschätzung von Entfernungen, verlängerte Reaktionszeit, Neigung zu Leichtsinn

0,8-1,2 ‰
Angetrunken
Wirkung auch bei Trinkgewohnten, Aufmerksamkeit und Reaktion gestört
Autofahren:
Ab 1,1 Promille absolute Fahruntüchtigkeit, Lenkbewegungen gestört, Sehfeld auf zweidrittel eingeschränkt

1,3-1,9 ‰
Betrunken
Störungen auch bei automatisierten Tätigkeiten (gehen, sprechen), das Sehfeld verengt sich auf den sogenannten Tunnelblick, extreme Fehlreaktionen.

2,0-2,9 ‰
Stark betrunken
Rausch: deutliche Störungen psychomotorischer Funktionen. Gedächtnislücken entstehen, Reaktionsvermögen kaum noch vorhanden

3,0-3,9 ‰
Volltrunken
in der Regel nicht mehr zurechnungsfähig. Schwere Alkoholvergiftung

Quelle: TÜV

Nach Alkoholkonsum erhöht sich das Unfallrisiko dramatisch, und zwar mit jedem weiteren Promillepunkt.

0,0 Promille	einfaches / normales Unfallrisiko
0,5	doppeltes Unfallrisiko
0,6	dreifaches Unfallrisiko
0,8	vierfaches Unfallrisiko
1,0	siebenfaches Unfallrisiko
1,2	zehnfaches Unfallrisiko
1,4	zwanzigfaches Unfallrisiko
1,6	35faches Unfallrisiko

Welche Getränke haben welche Folgen?

Bei Alkoholgenuß erhöht sich Ihr Blutalkoholwert mehr oder minder rasch, je nachdem, ob Sie auf nüchternen Magen trinken oder schon gut gegessen haben. Vom nüchternen Magen geht der Alkohol sofort in den Dünndarm und von dort ins Blut. Man kann ihn schon zwei Minuten später nachweisen. Wenn Sie «gut gegessen» haben, spüren Sie die Wirkung des Alkohols nicht ganz so drastisch und so schnell wie auf nüchternen Magen, obwohl sich dieselben Promillewerte aufbauen.

Der Promillewert nach Genuß von Alkohol läßt sich mit der sogenannten «Widmark-Methode» abschätzen. Dabei wird folgende Formel verwendet:

Frauen: Körpergewicht in kg $\times$ 0,6

Männer: Körpergewicht in kg $\times$ 0,7

= Ergebnis X

Die Alkohol-Gramm-Zahl, die Sie zu sich genommen haben, dividieren Sie dann durch den Wert X. Allerdings muß bei dieser Rechnung noch das sog. «Resorptionsdefizit» mit ca. 15% abgezogen werden. Damit wird die Menge des Alkohols bezeichnet, die der Körper nicht aufnimmt oder verwertet. Abhängig von der genossenen Alkoholart liegt das Resorptionsdefizit zwischen 10 und 30%.

Beispiel: Die Trinkmenge beträgt 40 Gramm Alkohol (zwei halbe Liter Bier oder zwei Viertel Weißwein). Also rechnen Sie:

Frau

70 kg $\times$ 0,6 = 42; 40 Gramm minus 15% = 6 Gramm Resorptionsdefizit = 34 Gramm Alkohol geteilt durch 42 = 0,80 Promille

Mann

70 kg $\times$ 0,7 = 49; 40 Gramm minus 15% = 6 Gramm Resorptionsdefizit = 34 Gramm Alkohol geteilt durch 49 = 0,69 Promille

nachrechnen

Auch für den Alkoholabbau im Körper gibt es eine Faustregel: Pro Stunde baut der Körper nur etwa 0,1 bis 0,15 ‰ ab. Haben Sie also 1,5 Promille im Blut, sind Sie erst nach sieben Stunden wieder bei ca. 0,8 Promille. Kein Kaffee, keine sportliche Aktivität, keine Wunderpillen ändern daran etwas. Nur die Leber baut mit der Zeit den Alkohol ab.

Daher kann auch die Autofahrt «am Morgen danach» gefährlich werden.

Alkoholgehalt einzelner Alkoholsorten

Alkoholsorte	= ca. g Alkohol
eine «bayerische Halbe» (½ l Bier)	20 Gramm
eine «Maß» (1 l Bier)	40 Gramm
0,2 l Bier (Pils)	8 Gramm
Bockbier (0,5 l)	23 Gramm
Doppelbock (0,5 l)	26 Gramm
2 cl Schnaps	8 Gramm
Doppelter (4 cl) Schnaps	16 Gramm
Liköre, z. B. Eierlikör (2 cl)	5 Gramm
Wermut (1/8 l)	15 Gramm
Sekt (¼ l)	25 Gramm
¼ l Apfelwein	11 Gramm
¼ l Weißwein	20 Gramm
¼ l Rotwein	25 Gramm

QUELLE: DEUTSCHER VERKEHRSSICHERHEITSRAT E. V. (DVR)

Vorsicht vor Mixgetränken

Seit einigen Jahren werden vor allem in Großbritannien alkoholische Getränke auf den Markt gebracht, die in Design und Geschmack auf eine sehr junge Käuferschicht abgestimmt sind. Der Verkaufserfolg dieser meist grellbunten und fruchtig-süßen Drinks veranlaßt jetzt auch deutsche Firmen, mit leichten alkoholischen Mischgetränken um jugendliche Konsumenten zu werben.

Die Kombination und Konzentration der darin enthaltenen Begleitstoffe ist zum Teil so ungewöhnlich, daß sogar Sachverständige falsche Schlüsse aus den sich daraus ergebenden Blutwerten ziehen können. In einigen britischen Getränken sind in Deutschland nicht zugelassene, synthetisch hergestellte Alkohole enthalten.

Bei einem Trinkversuch im Rahmen einer Studie wiesen Rechtsmediziner im Blut der Probanden nach dem Genuß von etwa einem Liter alkoholhaltiger Limonade außergewöhnlich hohe Aceton- und Isopropanolwerte nach. Ähnlich hohe Konzentrationen dieser Stoffe finden sich sonst nur bei chronischem Alkoholmißbrauch als dessen Abbauprodukt. Verhängnisvoll kann der Genuß dieser neuartigen Mixgetränke beispielsweise nach einem Verkehrsunfall werden. Werden sie als Ursache der ungewöhnlichen Blutwerte nicht berücksichtigt, droht womöglich der Führerscheinentzug.

Bei gerichtlichen Untersuchungen haben die Inhaltsstoffe solcher Getränke auch für die Staatsanwaltschaft ihre Tücken. So sind «Nachtrunkbehauptungen» nach ihrem Genuß nur schwer nachprüfbar.

Alkohol in Nahrungsmitteln

Da Alkohol nicht nur mit Getränken aufgenommen wird, sondern auch zur geschmacklichen Verfeinerung von Lebensmitteln verwendet wird, müssen Sie die beim Essen aufgenommenen Alkoholmengen ebenfalls berücksichtigen.

Ein typischer Anlaß zum Alkoholkonsum sind Arbeitsessen und Bewirtungen von Kollegen nach langwierigen Verhandlungen. Dabei sind auch die Speisen der feinen Küche oft mit Hochprozentigem verfeinert.

Hier das Beispiel eines Mittagessens unter Geschäftsleuten (aus: «Alkohol am Arbeitsplatz. Entscheidungshilfen für Führungskräfte» von Henner Lenfers, Luchterhand Verlag 1993):

- Himbeergeist nach Art des Hauses
  46 % Vol., 4 cl; 14,2 g Alkohol
- Sherry in der Vorsuppe
  18 % Vol., 5 cl; 7,1 g Alkohol
- ein trockener badischer Wein zum Hauptgang
  2 Schoppen à 0,2 Liter
  10 % Vol., 0,4 Liter; 32 g Alkohol
- Kiwi-Fruchtsorbet in Marc de Champagne
  43 % Vol., 2 cl, 7 g Alkohol
- Espresso / Cognac
  38 % Vol., 2 cl, 6 g Alkohol

Zusammengerechnet ergibt das 66,3 g reinen Alkohol, der zu einer Blutalkoholkonzentration von mindestens 1,1 Promille führen kann. Jeweils rund 60 g Alkohol sind übrigens auch in 1,5 Litern Bier oder in ca. 4 doppelten Schnäpsen oder in drei Weißwein à 1/4 Liter enthalten.

Ermittlung des Blutalkoholwerts

Die gerichtliche Verwertbarkeit von Atem-Alkoholmeßgeräten

Bei einer Verkehrskontrolle wird der Blutalkoholwert entweder direkt durch eine Blutprobe oder zunächst durch ein sogenanntes «Atem-Alkoholmeßgerät» ermittelt. So soll gegenwärtig vor allem das «beweissichere» Gerät «Alcotest 7110 Evidential» der Firma Draeger die zeitraubenden Blutproben von Promillesündern ersetzen. Im Februar 1999 wurden deutschlandweit Geräte dieser Art an rund 900 Polizeistationen ausgeliefert. Atem-Alkoholkontrollen mit diesen Geräten sollen vor Gericht ohne zusätzliche Blutprobe ausreichend beweiskräftig sein.

Bei Alkoholfahrten im Rahmen einer Straftat (ab 0,3‰ bei Unfall oder alkoholtypischen Fahrfehlern, in jedem Fall ab 1,1‰) wird jedoch nach wie vor Blut gezapft.

Dr. Rolf Iffland, Blutalkoholexperte des Instituts für Rechtsmedizin der Kölner Universität, hält diese Meßgeräte für nicht unfehlbar: «In ersten wissenschaftlich angelegten Trinkversuchen zur Kontrolle der neuen Meßgeräte lag der Atem-Alkoholwert in 63 Prozent der Fälle mindestens um 0,1 Promille höher, als eine Blutprobe ergeben hätte. 40 Minuten nach dem letzten Schluck gab es sogar Abweichungen um bis zu 0,38 Promille.»

Es kann also durchaus passieren, daß jemand 0,7 Promille «pustet», im Blut aber eventuell nur 0,4 Promille nachweisbar sind. Damit sind 200 Mark Geldbuße und zwei Punkte in Flensburg fällig. Bei einem Fahranfänger verlängert sich dadurch die Probezeit von zwei auf vier Jahre. Eine Blutprobe dagegen hätte möglicherweise keine Folgen gehabt.

Der Rat von Dr. Günter Schmidt, Leiter des Blutalkohol-Labors im Institut für Rechtsmedizin an der Freien Universität Berlin, lautet deshalb: «Liegt der Atemalkohol-Meßwert nur geringfügig über den 0,5- oder 0,8-Promille-Grenzwerten und das Trinkende weniger als zwei Stunden zurück, sollte man auf einer Blutprobe bestehen, da der Atemalkohol in dieser Zeitspanne dem Blutalkoholwert ‹vorauseilt›.» Die Lage ist kompliziert:

1. Möglichkeit: Sie haben in ein nicht beweissicheres Gerät der Polizei gepustet.

Wenn die Werte nur ganz geringfügig über 0,5 Promille liegen, können Sie sich weigern, später in ein sogenanntes beweissicheres Gerät zu pusten. Dann muß Blut abgezapft werden. Hintergrund: Sie können nicht dazu gezwungen werden, in dieses Gerät zu pusten.

2. Möglichkeit: Sie haben in eines der neuen, «beweissicheren» Geräte gepustet.

Das Ergebnis ist für die Polizei ausreichend und verwertbar. Wer mißtrauisch ist und auf einer Blutprobe besteht, muß die Kosten von rund 400 Mark selbst übernehmen. Wenn der Polizei der Atemalkoholtest ausreicht, kann es allerdings schwierig werden, Ihr Blut «gerichtsverwertbar» abzapfen zu lassen. Eine Blutprobe ist nur dann gültig, wenn sie im Beisein einer Amtsperson genommen wurde. Der ausführende Arzt muß dann ein amtliches «Blutabnahmeprotokoll» ausfüllen und die Blutprobe an ein gerichtsmedizinisches Institut zur Auswertung weiterleiten.

Wenn Sie womöglich schon eine Straftat oder Ordnungswidrigkeit wegen Alkohol am Steuer begangen haben, die Atem-Alkoholkontrolle nur minimal über 0,8 Promille und das Trinkende weniger als zwei Stunden zurückliegt, sollten Sie sich – falls möglich – freiwillig «anzapfen» lassen, um möglicherweise doch noch ohne Fahrverbot davonzukommen.

Sperren sich die Beamten gegen eine Blutabnahme, sollten Sie die gerichtsverwertbare Atem-Alkoholkontrolle hinnehmen und anschließend mit Hilfe eines Rechtsanwalts anzweifeln, da die Abweichungen, wie bereits beschrieben, bis zu 0,30 Promille betragen können.

Private Promilletestgeräte

Auf gar keinen Fall sollten Sie sich mit Hilfe von Tabellen oder «Promillerechnern» an angeblich «ungefährliche» Promillewerte herantrinken und dann ins Auto steigen.

Im Durchschnitt dauert es ab dem Ende der Alkoholaufnahme 60 bis 90 Minuten, bis sich der Alkohol vollständig im

Körper verteilt hat. Kommen Sie bei Ihrem privaten Promilletest auf nur 0,25 Promille, entscheiden Sie sich womöglich, das Auto zu starten. Aber Achtung: Ihre Promillewerte steigen weiter an! Wenn 30 Minuten nach Fahrtantritt ein Unfall passiert oder Sie in eine Kontrolle geraten, können Ihre Werte deutlich über 0,25 Promille liegen. Andererseits – und darin unterscheidet sich meine Meinung von der offiziellen Einschätzung etwa des Deutschen Verkehrssicherheitsrates oder der Deutschen Verkehrswacht – können Sie mit Hilfe dieser Testgeräte einen Eindruck davon bekommen, wie schnell gefährliche Promillewerte nach dem Genuß vermeintlich harmloser Alkoholmengen erreicht sind. Die privaten Promilletester zum Preis von rund 100 Mark, etwa «alca mobil» der Firma alca mobil trading GmbH oder «Promillerechner» der Firma Global Mind (zum Vergleich: Mobile Geräte der Polizei kosten ca. 2000 Mark), sind von einem gerichtsmedizinischen Institut getestet worden. Im Schnitt zeigen sie demnach etwas zu hohe Promillewerte an, was aber für den privaten Gebrauch nützlich sein kann.

Besonders sinnvoll können diese Geräte für die Überprüfung des Restalkohols am «Morgen danach» sein. Die Anschaffungskosten sind gering im Verhältnis zu den Strafen, die drohen, wenn Sie mit Alkohol am Steuer erwischt werden.

Private Promilletestaktionen können auch Alkoholfahrten verhindern helfen:

Pressespiegel

Bei dem 14tägigen Volksfest in Penzberg/Obb. gab es 1999 zum zweiten Mal einen von den Festzeltwirten genehmigten Stand, bei dem jeder Volksfestbesucher seine Alkoholisierung testen konnte. Für neun Mark konnten die Besucher in ein mobiles Gerät pusten, wie es etwa die Polizei bei Kontrollen benutzt.

Das Ergebnis zur Halbzeit des Volksfestes: Es gab weder

einen alkoholbedingten Unfall noch einen Führerscheinentzug. Auch der Privatbetreiber des Promillestandes
konnte berichten, daß er schon viele vom Fahren abhalten
konnte: «Im Preis für das Pusten inbegriffen ist ein Taxiruf.
Viele sind mehr als überrascht, wie hoch die Promillewerte
schon nach einer Maß sind!»

Private Promillerechner

Bisher gab es keine Möglichkeit, sich vorbeugend über den individuellen Promilleauf- und -abbau zu informieren. Neuerdings
sind Promillerechner im Taschenrechnerformat auf dem Markt
(keine Geräte zum Pusten!), mit denen sich der Benutzer die
Wirkung von Alkohol bewußtmachen kann, ohne selbst Alkohol
zu trinken. Durch unkomplizierte Eingabe von Gewicht, Ge-
schlecht, Größe, Alter und Alkoholmenge vor dem Trinken wird
innerhalb Sekunden berechnet, wieviel Promille der geplante Alkoholkonsum erzeugt und wann man wieder auf relativ ungefährlichen 0,29 beziehungsweise auf wirklich ungefährlichen
0,0 ‰ ist.

Der «Promillerechner» der Firma Global Mind wurde eingehend von der DEKRA beurteilt und darf offiziell die Bezeichnung
«Von der DEKRA empfohlen» tragen. Der «Promille-Controller»
wird von der BASIS GbR hergestellt und kostet etwa 8 Mark.

Die Mitverantwortung von Gastwirten und privaten Gastgebern

Sie fahren nach einer fröhlichen Feier alkoholisiert mit dem Auto
und verursachen einen Unfall – auch für den Gastwirt oder den
privaten Gastgeber ist das keine schöne Vorstellung.

Aus einem Merkblatt des Deutschen Hotel- und Gaststätten-
verbandes (DEHOGA): «Ist ein Gast aufgrund des in der Wirtschaft oder bereits zuvor genossenen Alkohols nicht mehr fähig,

den Heimweg anzutreten, so trifft den Wirt eine Garanten-pflicht. Eine Verantwortung für den Gast ergibt sich daraus, daß der Wirt ein wirtschaftliches Interesse an der Verabreichung von Alkohol hat und damit auch für die Folgen einstehen muß. (...) Wenn ein erkennbar betrunkener Gast mit dem Auto fahren will, muß der Wirt versuchen, ihn davon abzuhalten. Greifen alle Maßnahmen nicht, sollte er versuchen, in den Besitz des Auto-schlüssels zu gelangen. Auch das ‹Zuparken› muß in Erwägung gezogen werden.»

Allerdings darf der Wirt nicht handgreiflich werden, indem er etwa dem Gast den Autoschlüssel entwendet. Das gilt wiederum als unzulässige Bevormundung. «Grundsätzlich ist der Gastwirt – wie auch der private Gastgeber – nicht Vormund und Hüter sei-ner Gäste», hat der Bundesgerichtshof entschieden. Dennoch entfällt eine Haftung des Gastgebers für seine Gäste, denen er Al-kohol ausschenkt, nicht schlechthin. Die Grenze liegt da, «wo die Trunkenheit des Gastes einen solchen Grad erreicht hat, daß er nicht mehr verantwortlich handeln kann.» Dann muß der Wirt alles ihm Zumutbare tun, um eine Alkoholfahrt zu verhindern, notfalls sogar die Polizei rufen. Tut er dies nicht, riskiert er, selbst bestraft zu werden, zum Beispiel wegen fahrlässiger Körperverlet-zung oder Tötung, wenn der Gast sich selbst oder andere verletzt oder tötet.

Selbst in einem sehr kleinen Lokal kann der Wirt jedoch nicht zu jeder Zeit die Situation voll überblicken. Ein Gastwirt hat sein Dilemma in einer Radiodiskussion über das Thema Alkohol am Steuer so beschrieben: «Was soll ich tun, nach drei halben Litern geben mir Gäste ihren Autoschlüssel, nach acht halben Litern wollen sie ihn zurück.» Ruft ein Wirt bei jedem Gast, der alko-holisiert Auto fährt, die Polizei, kann er sein Lokal bald schließen.

Drogen und Medikamente
im Straßenverkehr

Vorsicht mit Medikamenten am Steuer

Etwa ein Fünftel aller gängigen Arzneimittel können verkehrsgefährdende Nebenwirkungen verursachen, viele darunter sind rezeptfrei erhältlich. Im Durchschnitt greift jeder Bundesbürger dreimal pro Tag zu einem Medikament. Nach der Schätzung des Deutschen Verkehrssicherheitsrats e. V. (DVR) sind ca. 1,4 Millionen Deutsche medikamentenabhängig.

Die am häufigsten verkauften Arzneien sind Schmerzmittel, gefolgt von Erkältungsmitteln. Acht Prozent aller Deutschen nehmen täglich Psychopharmaka. Gerade Beruhigungsmittel oder Anti-Depressiva, aber auch einfache «Grippemittel» gehören zu den Arzneien, die im Straßenverkehr sehr gefährlich werden können.

Mittel, die die Symptome von Erkältungskrankheiten mildern sollen, werden ohne Rezept in der Apotheke gekauft oder vom Arzt verordnet. Viele dieser Mittel enthalten den anregenden Wirkstoff Koffein, aber auch den dämpfenden Wirkstoff Codein. Das anregende Koffein wird vom Körper schneller verarbeitet als das dämpfende Codein. Die beruhigende Wirkung überwiegt also nach einer Weile. Dies kann sich bei einer Autofahrt über mehrere Stunden durch unerwartete Ermüdung mit plötzlichem Leistungsabfall zeigen. Starke Beruhigungsmittel wiederum können in ihrer Wirkung einem Promillewert von rund 0,5 nahekommen.

Medikamente werden eingenommen, um eine Krankheit zu

heilen oder zu lindern. Daneben treten aber bei fast allen Präparaten unerwünschte Nebenwirkungen auf. Sie können im Straßenverkehr zu einem Unfallrisiko werden, da sie sich nachteilig auf folgende Fähigkeiten auswirken können:

• Reaktion,
• Aufmerksamkeit und Konzentrationsfähigkeit,
• Sehfähigkeit,
• Gedächtnis,
• Kritikfähigkeit,
• Wahrnehmung und
• Grob- und Feinmotorik.

Die Pflichten von Patienten, Ärzten und Apothekern

In Paragraph 2 der Straßenverkehrs-Zulassungsordnung (StVZO) ist zu lesen: «Wer sich infolge körperlicher oder geistiger Mängel nicht sicher im Verkehr bewegen kann, darf am Verkehr nur teilnehmen, wenn in geeigneter Weise Vorsorge getroffen ist, daß er andere nicht gefährdet. Die Pflicht zur Vorsorge obliegt dem Verkehrsteilnehmer selbst ...»

Jeder Patient ist also verpflichtet, sich gewissenhaft selbst zu prüfen, ob er aufgrund seiner Erkrankungen und seines augenblicklichen Zustandes den Belastungen des Straßenverkehrs gewachsen ist. Unwissenheit schützt auch hier nicht vor Strafe.

Fahrlässig handelt, wer sich über die Wirkung eines Medikaments nicht eingehend informiert, sei es über den Arzt, den Apotheker oder den Beipackzettel, auch wenn diese oft in einem für Laien unverständlichen «Fachchinesisch» abgefaßt sind. Fragen Sie bei jedem Medikament ausdrücklich den Arzt oder Apotheker, ob die Arznei die Fahrtüchtigkeit beeinträchtigen kann.

Führen körperliche oder geistige Mängel infolge von Medikamenteneinnahme zu einer strafbaren Verkehrsgefährdung, drohen hohe Strafen. Unter Medikamenteneinwirkung kann etwa der Paragraph 315 c «Gefährdung des Straßenverkehrs» vom Gericht angewendet werden. Dann drohen eine Freiheitsstrafe bis zu fünf Jahren oder Geldstrafe. Die Fahrerlaubnis kann entzogen werden.

Das beweist folgendes Urteil:

Aus dem Gerichtssaal

Eine 65jährige, nicht mehr praktizierende Ärztin hatte einen Unfall mit fünf Verletzten verursacht. Auch sie selbst wurde dabei verletzt. Der Sachschaden betrug 36 000 Mark.

Die Angeklagte hatte sich morgens ans Steuer gesetzt, obwohl sie am Abend zuvor starke Schlaftabletten und Anti-Depressiva eingenommen hatte. In einem Zustand «wie in Trance» verursachte sie einen Unfall, indem sie auf die linke Fahrbahn geriet und mit einem entgegenkommenden Auto zusammenstieß. Der Notfallarzt überwies die Angeklagte sofort nach dem Unfall in eine psychiatrische Klinik nach München, da sie «völlig teilnahms- und orientierungslos» war. Vor Gericht konnte sich die Frau «nicht erinnern, überhaupt Auto gefahren zu sein».

Das Urteil: Der Richter und die Staatsanwältin verurteilten die Angeklagte zu 2800 Mark Geldstrafe und einem Jahr Fahrerlaubnissperre, da sie als Ärztin um die Gefährlichkeit der Einnahme von Schlafmitteln und Anti-Depressiva hätte wissen müssen.

Allerdings ist nicht nur der Patient verpflichtet, sich bei Medikamenteneinnahme zu informieren und entsprechend zu verhalten. Auch der verschreibende Arzt muß den Patienten über die Risiken seiner Erkrankungen und der Therapie aufklären und auf mögliche Konsequenzen aufmerksam machen. Unterlassen Arzt oder Apotheker diese Aufklärung, können sie im Schadenfall zur Verantwortung gezogen werden.

Im Fall von Medikamenteneinwirkung am Steuer kann der Versicherungsschutz ebenso gefährdet sein wie durch Alkohol. Siehe dazu «Wer zahlt nach einem Unfall?» (→ Seiten 67ff).

Wie reagiert die Fahrerlaubnisbehörde auf Medikamente im Straßenverkehr? In § 14a der Fahrerlaubnisverordnung heißt es ausdrücklich: «Bei Abhängigkeit von Betäubungsmitteln im Sinne des Betäubungsmittelgesetzes oder von anderen psychoaktiv wirkenden Stoffen ist ebenso wie bei mißbräuchlicher Einnahme psychoaktiv wirkender Arzneimittel die erforderliche Fahreignung nicht gegeben. Erst nach Entgiftung und Entwöhnung und einjähriger Abstinenz ist eine Eignung wieder gegeben.»

Die Fahrerlaubnisbehörde wird eine mögliche Abhängigkeit des Führerscheininhabers sehr sorgfältig überprüfen.

Illegale Drogen am Steuer

Durch Drogeneinfluß am Steuer gab es 1998 offiziell 61 Tote (1997: 25); 415 Menschen erlitten schwere (1997: 326) und 542 (1997: 558) leichte Verletzungen. Diese amtlichen Zahlen sind allerdings nur die Spitze des Eisbergs. Rund 350 000 Jugendliche im Fahranfänger-Alter zwischen 18 und 24 Jahren haben Erfahrungen mit der Modedroge Ecstasy oder konsumieren sie regelmäßig. Nach Schätzungen der Universität Würzburg sind rund eine Viertelmillion Autofahrer in Deutschland unterwegs, die Haschisch konsumieren. Rauschgifte aller Art werden in mehr als 90 Prozent der Fälle außer Haus konsumiert, das heißt: erst der Konsum, dann die Heimfahrt. Das Institut für Rechtsmedizin der Universität München stellte bei der Prüfung von 13 000 Blutproben fest: 25 % der auffällig gewordenen Autofahrer hatten Haschisch zu sich genommen, 13 % Heroin / Opium und vier Prozent Kokain. Die Dunkelziffer von Fahrten unter Drogen ist sehr hoch, unter anderem, weil Drogeneinfluß nicht so leicht zu erkennen ist wie Alkohol, den man schon an der «Fahne» riechen kann.

Daher werden Polizeibeamte seit Jahren geschult, um vor Ort Drogenausfallerscheinungen als solche zu erkennen (Pupillen, gerötete Augenbindehäute, grundlose Heiterkeit, glasige Augen). Zunehmend wird deshalb auch bei auf den ersten Blick «grundlosen» Unfällen Drogeneinfluß in Erwägung gezogen.

Die Gefahren von Drogen im Straßenverkehr

Die spezifische Gefahr bei der Einnahme von Drogen besteht darin, daß der Konsument glaubt, Rausch und Wirkung steuern zu können. Doch dies ist oft ein risikoreicher Irrtum. Die Wirklichkeit wird halluzinatorisch verkannt, was dem Betroffenen nicht bewußt wird. Namentlich die Einnahme von Ecstasy mobilisiert alle verfügbaren körperlichen Reserven bis zur völligen Erschöpfung. Daneben hat sich in wissenschaftlichen Untersuchungen gezeigt, daß die Droge nach dem Rausch nicht nur eine viel längere Deprimiertheit als Alkohol hervorruft, sondern auch für längere Zeit die Entscheidungsfindung beeinflußt. Diese Fähigkeit ist für die Reaktion an der gelben Ampel jedoch ebenso wichtig wie für das Verarbeiten von Warnhinweisen. Nach dem Gebrauch von Haschisch wiederum sind bei etlichen Personen bis dahin versteckte Psychosen ausgebrochen. Andere Personen zeigten krasse Fehlleistungen bei der Einschätzung von Längen oder Geschwindigkeiten sowie einen Verlust des Zeitgefühls.

Während Alkohol wasserlöslich ist, löst sich Haschisch (THC) in Fett und wird deshalb nur langsam und über mehrere Tage hinweg ausgeschieden. Noch Tage nach etwa einem LSD-Konsum können unbeeinflußbare «Nachräusche» auftreten, die im Straßenverkehr gefährlich sein können. Als Richtwert geht man davon aus, daß der Konsum einer Marihuanazigarette etwa 0,6 Promille entspricht.

Ordnungswidrigkeitsverfahren nach Drogenkonsum am Steuer

Nach Paragraph 24a StVG kann seit dem 1. August 1998 jeder, der sich nach der Einnahme bestimmter Drogen ans Steuer setzt, unabhängig von der Menge der konsumierten Substanzen wegen einer Ordnungswidrigkeit belangt werden. Geldbußen von bis zu 3000 Mark oder ein Fahrverbot bis zu 3 Monaten droht jenen, die sich unter dem Einfluß von Cannabis, Heroin, Morphin, Kokain oder Ecstasy ans Steuer setzen. Auf den oft schwierigen Nachweis der individuellen Fahruntüchtigkeit kommt es dabei nicht mehr an, sondern allein auf den Nachweis des Drogenkonsums. Sollte der unter Drogen stehende Fahrer einen Unfall verursacht oder auch nur andere gefährdet haben, gilt dies in jedem Fall als Straftatbestand. Der Betroffene wird ebenso wie ein Promillesünder mit bis zu fünf Jahren Haft oder Geldstrafe und mit dem Entzug der Fahrerlaubnis für mindestens sechs Monate bestraft.

Auch wenn Sie als Drogenkonsument aktenkundig werden, ohne jemals unter Drogen am Steuer gesessen zu haben, können Sie von der Führerscheinbehörde zum Drogentest vorgeladen werden. Das sogenannte «Drogenscreening» umfaßt unregelmäßige Untersuchungen über einen längeren Zeitraum, in denen etwa Haar- und Urinproben genommen werden. Weigern Sie sich, zur Untersuchung anzutreten, kann Ihnen der Führerschein entzogen werden. Dazu ein einschlägiges Gerichtsurteil:

Aus dem Gerichtssaal

Die Wohnung einer 23jährigen war über zwei Jahre bekannt dafür, daß hier fast tägliche «Haschischorgien» stattfanden, und hatte entsprechenden Zulauf von Drogenkonsumenten, die überwiegend zwischen 15 und 18 Jahren waren. Die Angeklagte fuhr regelmäßig mit ihrem Freund im Auto in einen bestimmten Ort, um sich mit dem entsprechenden Drogenvorrat einzudecken (Transport illegaler Drogen!).

Deshalb wurde neben Haft auf Bewährung und Geldstrafe auch eine achtmonatige Sperre der Fahrerlaubnis verhängt.

Das Oberverwaltungsgericht Koblenz hat sogar entschieden, daß allein der Besitz von Drogen den Entzug der Fahrerlaubnis rechtfertigen kann, selbst dann, wenn nicht nachgewiesen werden kann, daß der Betroffene tatsächlich Rauschgift genommen hat.

«Drugs» – ein Kurs für drogenauffällige Kraftfahrer

Auch für drogenauffällige Autofahrer gibt es Aufbauseminare, die helfen können, den verlorenen Führerschein wiederzubekommen. Stellvertretend für andere Aufbauseminare wird nachfolgend der Kurs «Drugs» von der AFN (Gesellschaft für Ausbildung, Fortbildung und Nachschulung e. V.) dargestellt. Über andere Maßnahmen und Kursusmöglichkeiten können andere Institutionen, der Rechtsanwalt, die Fahrerlaubnisbehörde, seriöse Verkehrspsychologen oder amtlich anerkannte Gutachterstellen Auskunft geben.

Um auf Dauer stabile alternative Verhaltensweisen zu entwickeln, setzt das Aufbauseminar «Drugs» auf Aufklärung und Auseinandersetzung mit dem eigenen Drogenkonsum. Dabei werden mit dem Betroffenen folgende Fragen geklärt:

• Wie gefährlich sind Drogen allgemein
• und im Verkehr?
• Was macht Drogen so gefährlich?
• Wozu benutze ich Drogen?
• Was kann ich anders machen?
• Wie kann ich die Veränderungen stabilisieren?

In insgesamt 24 Stunden, verteilt auf zwei Monate mit insgesamt sechs Terminen à vier Stunden wird zunächst das Problem eingekreist und analysiert. In der zweiten Phase sollen neue Strategien für den Umgang mit Drogen angewendet und eingeübt werden. Zuletzt werden die Erfahrungen der Teilnehmer aus der Trainingsphase besprochen. Am Ende erhält jeder Teilnehmer eine Bescheinigung zur Vorlage bei der Fahrerlaubnisbehörde. Im besten Fall behält er dann seinen Führerschein oder erhält ihn wieder zurück.

Anhang

Punkte und Geldstrafen

Im folgenden finden Sie eine Übersicht zu den Strafen (Punkte und Bußgelder), mit denen Sie rechnen müssen, wenn Sie unter Alkoholeinfluß Auto gefahren und dabei kontrolliert worden sind. Der Übersichtlichkeit halber sind nur Angaben zu Alkohol-, Drogen- und Medikamentenmißbrauch aufgeführt. Sie müssen aber beachten, daß zu den Strafen für dieses Vergehen ggf. noch weitere Delikte bzw. Strafen hinzukommen, wenn Sie unter Alkoholeinfluß einen Unfall verursacht oder andere Ordnungswidrigkeiten bzw. Straftaten begangen haben. Dann werden nämlich alle Strafen für alle Delikte im Zusammenhang betrachtet:

- Bei Tatmehrheit sind sämtliche Kennziffern der verletzten Vorschriften anzugeben. In diesem Fall werden die Punkte für jede Verkehrszuwiderhandlung zusammengezählt.
- Bei Tateinheit sind ebenfalls sämtliche Kennziffern der verletzten Vorschriften anzugeben, aber in diesem Fall wird nur die Zuwiderhandlung mit der höchsten Punktzahl berücksichtigt.

Für Fahranfänger gilt: Alle Delikte der Kategorie A führen zur Verlängerung der Probezeit von zwei auf vier Jahre.

Straftaten

Straßenverkehrsgefährdung durch Führen eines Fahrzeugs bei Fahrunsicherheit infolge:

		Punkte	Kategorie	Fahrverbot	Bußgeld
A 2	Alkoholgenusses	7	A		
A 3	Genusses anderer berauschender Mittel	7	A		

Führen eines Fahrzeugs bei Fahrunsicherheit infolge

ANHANG

		Punkte	Kategorie	Fahrverbot Bußgeld
A 12	Alkoholgenusses	7	A	
A 13	Genusses anderer berauschender Mittel (zum Beispiel illegale Drogen oder Medikamentenmißbrauch)	7	A	
A 14	Vollrausch	7	A	

Achtung: Auch bei Ersttätern eventuelle, ab 1,6 Promille sichere Anzweiflung der Fahreignung durch Fahrerlaubnisbehörde, Anordnung einer MPU. Fahrerlaubnisentzug. Bei Fahranfängern Aufbauseminar und Verlängerung der Probezeit.

Führen oder Anordnen oder Zulassen des Führens eines Kraftfahrzeugs

		Punkte	Kategorie	Fahrverbot Bußgeld
A 15	Ohne Fahrerlaubnis	6	A	
A 16	Trotz Fahrverbots oder trotz Verwahrung, Sicherstellung oder Beschlagnahmung des Führerscheins	6	A	

Ordnungswidrigkeiten Alkoholmißbrauch (§ 24a StVG)

Führen eines Kfz mit einer Alkoholkonzentration im Atem oder im Blut oder einer Alkoholmenge, die zu einer Atem- oder Blutalkoholkonzentration führt.

Achtung: Bei Wiederholungstaten eventuelle Anzweiflung der Fahreignung durch Fahrerlaubnisbehörde, eventuelle Anordnung einer MPU. Womöglich Fahrerlaubnisentzug. Bei Fahranfängern meist Aufbauseminar.

		Punkte	Kategorie	Fahrverbot	Bußgeld
B 1	von 0,40 mg/l oder mehr bzw. 0,8 Promille oder mehr	4	A	1–3 Monate	DM 500,– bis 1000,–
B 2	von 0,25 mg/l bis 0,39 mg/l beziehungsweise 0,5 bis 0,79 Promille Fahrverbot!	2	A	1–3 Monate	DM 200,–

Drogen

		Punkte	Kategorie	Fahrverbot	Bußgeld
B 3	Führen eines Kfz unter der Wirkung eines in der Anlage zu § 24a StVG genannten berauschenden Mittels (= in der Regel illegale Drogen)	4	A	1–3 Monate	DM 500,– bis 1500,–

Achtung: Eventuelle Anzweiflung der Fahreignung durch Fahrerlaubnisbehörde, eventuelle Anordnung einer MPU. Womöglich Fahrerlaubnisentzug.

Die neuen Fahrerlaubnisklassen

Bisher:	Ab 1. Januar 1999:
Klasse 3 Personen- und Lastkraftwagen bis 7,5 t. Zugfahrzeug und Anhänger dürfen zusammen drei Achsen haben. Vier Achsen sind nur dann erlaubt, wenn der Abstand der Anhängerachsen weniger als einen Meter beträgt.	Klasse B / Mindestalter 18 Jahre Fahrzeuge bis 3,5 t mit Anhängern bis 750 kg. Anhänger über 750 kg sind dann erlaubt, wenn das zulässige Gesamtgewicht des Anhängers das Leergewicht des Zugfahrzeugs nicht übersteigt. Zulässiges Gesamtgewicht des Gespanns maximal 3,5 t.
	Klasse BE / Mindestalter 18 Jahre Voraussetzung Klasse B Kombination aus Zugfahrzeugen der Klasse B und Anhängern, die nicht in Klasse B fallen.
	Klasse C1 / Mindestalter 18 Jahre Voraussetzung Klasse B Fahrzeuge zwischen 3,5 und 7,5 t mit Anhängern bis 750 kg.
	Klasse C1E / Mindestalter 18 Jahre Voraussetzung Klasse C1 Fahrzeuge der Klasse C1 mit Anhänger über 750 kg. Das Gesamtgewicht des Anhängers darf nicht höher sein als das Leergewicht des Zugfahrzeugs. Gesamtmasse von beiden bis 12 t.
Klasse 2 Lastwagen über 7,5 t und mit mehr als drei Achsen	Klasse C / Mindestalter 18 Jahre Voraussetzung Klasse B Lastwagen über 3,5 t; Anhänger über 750 kg
	Klasse CE / Mindestalter 18 Jahre Voraussetzung Klasse C Lastwagen über 3,5 t; Anhänger über 750 kg

Klasse 1
Motorräder ohne Leistungsbeschränkung. Erwerb der Klasse 1
nur nach zweijährigem Besitz der
Klasse 1a und ausreichender Fahr-
praxis (mind. 4000 km)

Klasse A / Mindestalter 18 Jahre
Motorräder ohne Leistungsbeschränkung; in den ersten 2 Jahren
bis 26 kW (34 PS) und Leistungsgewicht unter 0,16 kW/kg. Ab
dem Einstiegsalter von 25 Jahren
fällt für Führerschein-Neulinge
die Leistungsbeschränkung weg.

Klasse 1a
Motorräder bis 24 kW (34 PS).
Leistungsgewicht nicht höher als
0,16 kW/kg.

Klasse 1b
Motorräder bis 125 cm^3 und
11 kW; für 16- und 17jährige
maximal 80 km/h schnell

Klasse A1 / Mindestalter 16 Jahre
Wie bisher 1b

Klasse 2 und 3
Busse nur mit zusätzlicher Erlaubnis zur Fahrgastbeförderung – je
nach zulässigem Gesamtgewicht
des Fahrzeugs.

Klasse D / Mindestalter 21 Jahre
Voraussetzung Klasse B
Busse mit mehr als acht Fahrgast-
plätzen, Anhänger bis 750 kg.

Klasse DE / Mindestalter 21 Jahre
Voraussetzung Klasse D
Busse der Klasse D mit Anhänger
über 750 kg.

Klasse D1 / Mindestalter 21 Jahre
Voraussetzung Klasse B
Busse mit mehr als acht, aber nicht
mehr als 16 Sitzplätzen

Klasse D1E / Mindestalter
21 Jahre
Voraussetzung Klasse D1
Busse der Klasse D1 mit Anhänger
über 750 kg. Das zulässige Gesamtgewicht des Anhängers darf
nicht höher sein als das Leerge-
wicht des Zugfahrzeugs. Maximal-
gewicht des Gespanns insg. 12 t.

Klasse 4
Kleinkrafträder, Fahrräder mit
Hilfsmotor bis 50 cm³; maximal
50 km / h

Klasse M / Mindestalter 16 Jahre
Kleinkrafträder und Fahrräder mit
Hilfsmotor bis 50 cm³; 45 km / h

Klasse 5
Krankenfahrstühle, Arbeitsma-
schinen bis 25 km / h;
Zugmaschinen bis 32 km / h, mit
Anhänger bis 25 km / h

Klasse L
Selbstfahrende Arbeitsmaschinen
bis 25 km / h; land- und forstwirtschaftliche Zugmaschinen bis
32 km / h, mit Anhänger bis
25 km / h

Klasse T
Land- und forstwirtschaftliche
Zugmaschinen bis 60 km / h, auch
mit Anhängern

Rechtsberatung

Automobilclubs

Beratung und Hilfe für ADAC-Mitglieder:
Tel.: 0 18 05 / 10 11 12
(48 Pf. pro Minute)
Homepage: www.adac.de

Beratung und Hilfe für ACE (Auto Club Europa)-Mitglieder:
ACE-Info-Service
Tel.: 0 18 02 / 33 66 77
(12 Pfennig pro Anruf)
Fax: 0 18 02 / 33 66 78
Homepage: www.ACE-online.de
E-Mail: RA@ACE-online.de

Rechtsanwälte

Deutsche Anwaltsauskunft
des Deutschen Anwaltvereins, nennt dem Ratsuchenden unter bundesweit einheitlicher Rufnummer Anwälte, die u. a. Mitglieder im Arbeitskreis Verkehrsrecht des Deutschen Anwaltvereins sind.
Tel.: 0 18 05 / 18 18 05 (48 Pfennig pro Minute)
Homepage: www.recht-und-verkehr.de

Jurathek
Zusammenschluß von ca. 15 Anwälten. Ausführliche, kompetente rechtliche Informationen im Internet. U. a. verfügt die Jurathek über sehr ausführliches Material zur MPU-Problematik.
Homepage: www.jurathek.de

Rechtsanwalt Günter Göppel
Eltinger Str. 5
71229 Leonberg
Tel.: 0 71 52 / 9 78 35-0
Fax: 0 71 52 / 9 78 35-22
E.Mail: rhs@idnet.de

Rechtsanwalt Goetz Grunert
Kanzlei Dr. Weiland und Partner
Friedrichstr. 150
10117 Berlin
Tel.: 0 30 / 20 39 74-0
Fax: 0 30 / 20 39 74-22
E-Mail: info@strafzettel.de
Homepage: www.strafzettel.de

Kanzlei Paul F. Hecker, Prof. Dr. Ulrich Werner & Dr. Klaus Himmelreich – Köln, Leipzig, Berlin
Brabanter Str. 2
50674 Köln
Tel.: 02 21 / 9 20 81-0
Fax: 02 21 / 9 20 81-91
E-Mail:
HWH-KOELN@t-online.de
Homepage: www.hwh-law.de

Beethovenstr. 35
04107 Leipzig
Tel.: 03 41 / 71 04-4
Fax: 03 41 / 71 04-6 00
E-Mail:
HWH-LEIPZIG@t-online.de

Kurfürstendamm 188
10707 Berlin
Tel.: 0 30 / 88 56 60-0
Fax: 0 30 / 88 56 60-66
E-Mail:
HWH-BERLIN@t-online.de

Anwaltskanlei Hettenbach und Langer

beschäftigt sich vor allem mit der Führerschein- und MPU-Problematik, aber auch andere rechtliche Themen werden auf sehr informativen Homepage-Seiten behandelt.

Anwaltskanzlei Hettenbach und Langer
Hospitalstr. 25
71634 Ludwigsburg
Tel.: 0 71 41 / 92 10 27
Fax: 0 71 41 / 90 28 30
Homepage: www.verkehrsthek.de
E-Mail: hettenbach@gmx.net

Rechtsanwalt Michael Winter

Anwaltskanzlei Winter & Winter
Gerlinger Str. 4
71254 Ditzingen
Tel.: 0 71 56 / 95 99 33
Fax: 0 71 56 / 3 18 93

Weitere Internet-Adressen

Sehr hilfreiche und wertvolle Informationen nicht nur zum Thema Verkehrsrecht finden Sie auf folgender Homepage:
www.J.Stich@zurecht.de

BAF e.V. – Beratung und Aufklärung bei Führerscheinproblemen

Seit November 1999 gibt es den neugegründeten Verein BAF e.V. – Beratung und Aufklärung bei Führerscheinproblemen, einen als gemeinnützig anerkannten unabhängigen Hilfeverein für MPU-Betroffene.
Ich selbst bin die 1. Vorsitzende dieses Vereins, im Beirat des BAF e.V. befinden sich kompetente Fachleute: Verkehrspsychologen, Verkehrsmediziner, Verkehrsrechtsanwälte etc.

Der Verein hat in mehreren Orten Deutschlands regionale Außenstellen, die von aktiven Mitgliedern betreut werden. Dadurch soll eine möglichst umgehende Hilfe, wie etwa die Vermittlung an seriöse und im konkreten Einzelfall hilfreiche Fachleute gewährleistet sein.

Hauptanlaufstelle:
BAF e.V.
Am Zwiesel 3
82436 Eglfing
Tel.: 0 88 47 / 69 79 89-0
Fax: 0 88 47 / 60 83
E-Mail: Carmen-Liebs@topmail.de
Homepage: www.promillefahrt.de

Verkehrspsychologische Beratung und Therapie

AFN, Gesellschaft für Ausbildung, Fortbildung und Nachschulung e. V.
Bundesweit ca. 20 Adressen von auf Verkehrspsychologie spezialisierten Diplom-Psychologen, Geschäftsstellen in Köln, Bremen und Dresden.
Tel.: 0 18 02 / 31 94 94 (bundesweit zum Ortstarif)

AFN-Hauptgeschäftsstelle Köln
Sülzburgstr. 13
50937 Köln
Tel.: 02 21 / 41 33 11
Fax: 02 21 / 9 41 78 40
E-Mail: afn@afn.de
Homepage: www.afn.de

Arbeitskreis Verkehrspsychologische Therapie – Südbayern
Auf Verkehrspsychologie spezialisierte Diplom-Psychologen in Südbayern, insgesamt ca. 10 Mitglieder; Beratung auch in italienischer Sprache.
Dipl.-Psych. Hedwig Runge &
Dipl.-Psych. Angelika Fontes
Nymphenburger Straße 63
80335 München
Tel.: 0 89 / 1 23 86 86
Fax: 0 89 / 1 29 23 52

Arbeitskreis Verkehrspsychologie im Verband Freier Psychotherapeuten und psychologischer Berater e.V. (VFP)
Bundesweit ca. 11 Beratungsstellen für auffällig gewordene Kraftfahrer.

Für Limburg, Wiesbaden, Mainz, Frankfurt/M., Koblenz:
Peter Alm
Grabenstr. 21
65549 Limburg
Tel. und Fax: 0 64 31 / 33 84
E-Mail:
info@alm-limburg.de
Für Augsburg: Martin Formann
Josef-Priller-Str. 57
86159 Augsburg
Tel.: 08 21 / 2 58 90 19
Fax: 08 21 / 2 58 90 14
Homepage:
www.beratungsstelle.ipav
E-Mail:
Martin Formann@t-online.de
Für Berlin, Potsdam, Brandenburg und Hauptanlaufstelle des VFP:
Cornelia Hühnken
Neuendorfer Str. 83
13585 Berlin
Tel.: 0 30 / 3 35 19 13
E-Mail: cornelia.huehnken@planet-interkom.de
Für Hamburg und Lübeck:
Walter-Theodor Lax
Holstenstr. 9
24568 Kaltenkirchen, Holstein
Tel.: 0 41 91 / 66 13
Fax: 0 41 91 / 7 27 20
Homepage: www.fahrschule-lax.de
E-Mail: fahrschule-lax@faxvia.net

auto-MOBIL, Partnerschaftsgesellschaft niedergelassener Diplom-Psychologen für Verkehrssicherheit / Raum Baden-Württemberg
Auf Verkehrspsychologie spezialisierte Diplom-Psychologen und Psychologische Psychotherapeuten,

freie verkehrspsychologische Praxen in Esslingen, Heilbronn, Karlsruhe, Ludwigsburg, Ostfildern, Stuttgart und Ulm. Die Berater sind gemäß § 71 Fahrerlaubnisverordnung – FeV anerkannt.

Spitalwaldweg 2
73733 Esslingen
Zentrales Info-Telefon:
07 11 / 9 18 32 31
(Montag bis Freitag 9.00 –
12.00 Uhr)
Fax: 07 11 / 9 32 59 01
Homepage: www.auto-mobilpart-nerschaft.de
E-Mail:
Wilfried.Wehrle@t-online.de oder
Boga@aol.com

BASIS 98 (GbR), Verkehrspsychologische Dienstleistungen / MPU-Beratung

MPU-Beratung im (langfristigen) Vorfeld der MPU in verschiedenen Regionen Bayerns, bundesweite Einzelberatung. Auf Verkehrspsychologie spezialisierte Dipl. Psych. Martin Berger, Dipl. Psych. Rigobert Moosmayer.

Obstmarkt 8
96046 Bamberg
Informations-Telefon
08 00 / 9 89 89 99 (zum Nulltarif)
Tel.: 09 51 / 2 08 08 01
Fax: 09 51 / 2 08 08 03
E-Mail: info@basis98.de
Homepage: www.basis98.de

Berufsverband deutscher Psychologinnen und Psychologen (bdp) e. V. Arbeitskreis Klinischer Verkehrspsychologie

Auf Verkehrspsychologie spezialisierte Diplom-Psychologen, bundesweit ca. 80 Ansprechpartner.

c / o Dr. Fritz Meyer-Gramcko
Humboldtstraße 21
38106 Braunschweig
Tel.: 05 31 / 23 83 60
Fax: 05 31 / 2 38 36 16
E-Mail:
meyer-gramcko@t-online.de
oder
Nordmannpassage 8
30159 Hannover
Tel.: 05 11 / 1 31 60 45
Fax: 05 11 / 1 61 10 28

Berufsverband niedergelassener Verkehrspsychologen (BNV)

Auskunft über bundesweit ca. 100 Ansprechpartner von auf Verkehrspsychologie spezialisierten Diplom-Psychologen.

Geschäftsführer: Jörg-Michael Sohn
Lokstedter Steindamm 61 a
22529 Hamburg
Tel.: 0 40 / 56 00 80 08
Fax: 0 40 / 56 31 63
oder
Grunewaldstraße 15
24111 Kiel
Tel.: 04 31 / 6 96 98 00
Fax: 04 31 / 69 19 21
E-Mail: info@vpp.de
Homepage: www.vpp.de

**Dipl.-Sozialpädagogin und Sozio-
therapeutin Barbara Dittrich
Dipl.-Sozialpädagoge und Sozialbe-
triebswirt Stephan Dittrich**
Kottenkopfstr. 28
82362 Weilheim / Obb.
Tel.: 08 81 / 83 86
E-Mail: dittrich@inetmail.de

**IfS – Institut für Schulungsmaß-
nahmen GmbH, Beratung und
Einzelintervention e. V.**
Beratungs- und Schulungszentrum
auf Verkehrspsychologie spezialisier-
ter Diplom-Psychologen mit Ge-
schäftsstellen in Hamburg, Bad
Segeberg und Bremen.
Bahrenfelder Straße 162
22765 Hamburg
Tel.: 0 40 / 39 48 76
Fax: 0 40 / 39 09 99 67

**PASS – Psychologischer Arbeits-
kreis Sicherheit im Straßenverkehr**
Etwa 5 Klinische Verkehrspsycholo-
gen aus dem nordwestdeutschen
Raum, in Hamburg-Lokstedt,
Rheine, Ostercappeln, Detmold,
Nordhorn.
Hauptanlaufstelle: Rainer Ewe
Stresemannallee 76
22529 Hamburg-Lokstedt
Tel.: 0 40 / 5 60 32 46
Fax: 0 40 / 56 00 83 83

**PRO · NON e. V., verkehrspsycho-
logische Beratung und Therapie**
Zusammenschluß freier niedergelas-
sener Dipl.-Verkehrspsychologen
mit ca. 15 deutschlandweiten Adres-
sen von Mitgliedern
Dr. Hans Joachim Hellwig
Provesthöhe 3
45257 Essen
Tel.: 02 01 / 4 86 81 17
Fax: 02 01 / 4 86 81 19
E-Mail: pronon-hellwig@t-on-
line.de
Homepage: www.pronon.de oder
www.vfb-kosmos.de
oder
Johannes Vetter
Schwanthaler Straße 60
80336 München
Tel.: 0 89 / 54 40 41 33
Fax: 0 89 / 5 44 04 11 34
E-Mail: pronon-vetter@t-online.de

**Dipl-(Verkehrs) Psychologe
Thomas Rock**
spezialisiert auf MPU-Vorberei-
tungen
Bahnhofstr. 84
44632 Herne
Tel.: 0 23 23 / 9 15 17 0-0
Fax: 0 23 23 / 9 15 17 0 – 17
E-Mail: thomas.rock@cityweb.de
oder thomas.rock@t-online.de
Homepage: www.proMPU.de

**TBS Therapie- & Beratungsservice
Verkehrspsychologische Praxis
GmbH**
Hilfe bei Führerscheinentzug und
angeordneter Medizinisch-psycho-
logischer Untersuchung von auf
Verkehrspsychologie spezialisierten

Diplom-Psychologen mit Niederlassungen in Burg/Fehmarn, Dortmund, Dresden, Leipzig und Rostock.
Bundesweite kostenlose Info-Hotline
Tel.: 08 00 / 92 71 71-0
(Dienstag und Donnerstag
11 – 13 Uhr)

Zentralbüro und Information:
Breite Str. 15
23769 Burg a. Fehmarn
Tel.: 0 43 71 / 88 01-0
Fax: 0 43 71 / 87 92-08
E-Mail: eickera@fuehrerscheinerlaubnis.de oder info@tbsdo.de
Homepage: www.fuehrerscheinerlaubnis.de oder www.tbsdo.de

BEKA – Verkehrspsychologische Beratungsstelle

Mitglied im Verband Freier Psychotherapeuten und Psychologischer Berater (VFP)
Individuelle Vorbereitung auf die MPU & Kurse in Goslar, Bochum, München, Salzgitter, Seesen, Stuttgart/Esslingen
Zentrale: Kaisertorstr. 8
38640 Goslar
Tel.: 0 53 21 / 30 21 57
Fax: 0 53 21 / 30 21 58
E-Mail: bakrieger@hotmail.com
Homepage: www.mpu-neu.de

Helmuth Thielebeule & Partner – Verhaltens- und Verkehrstherapie – Beratung – Diagnostik

6 spezialisierte Dipl.-Verkehrspsychologen in Angermünde, Berlin, Bernau, Braunschweig, Bremen, Cottbus, Eberswalde, Frankfurt/Oder und Schwerin; in Berlin Beratung und Therapie auch in türkischer Sprache.
Albulaweg 22
12107 Berlin-Tempelhof
Tel.: 0 30 / 7 41 41 30 oder
01 72 / 3 14 65 21
Fax: 0 30 / 7 41 41 90
E-Mail:
praxis.thielebeule@t-online.de
Homepage:
www.verkehrspsychologie.de

Verein für Verkehrssicherheitstraining zur Schulung von Kraftfahrern (VVK e. V.)

Der Verein informiert Kraftfahrer, die im Verkehr auffällig geworden sind und nun Schwierigkeiten mit der Fahrerlaubnis haben, und vermittelt bundesweit ca. 200 Dipl.-Psychologen/Verkehrspsychologen
Albulaweg 22, 12107 Berlin
Tel./Fax.: 0 30 / 7 41 41 90
E-Mail: VVK.Berlin@t-online.de
Homepage: www.vvk-verein.de

Verkehrspsychologische Praxis Pfeiff, Eggerdinger, Scheuch

Drei öffentlich bestellte und vereidigte Sachverständige für verkehrspsychologische Eignung zum Führen von Kraftfahrzeugen.
Lindwurmstr. 92, 80337 München
Tel.: 0 89 / 76 32 80
Fax: 0 89 / 72 05 98 06

Verkehrspsychologische Forschungs- und Beratungsstelle Berlin (VFB Berlin)
Beratung und Rehabilitation verkehrsauffälliger Kraftfahrer, Beratung auch in russischer und englischer Sprache
Dipl. Psych. Dr. Helge Helbing
Dipl. Psych. Karl-Heinz Büscher
Esmachstr. 1
10407 Berlin
Tel.: 0 30 / 42 85 81 64
Fax: 0 30 / 4 23 86 87

VFB Brandenburg
(in der Fahrschule Pfaffe)
Neustädtische Wassertorstr. 23–26
14776 Brandenburg
Tel.: 0 33 81 / 52 25 02
Fax: 0 33 81 / 22 44 39

Beide Beratungsstellen erreichen Sie auch über die folgenden Internet-Adressen:
E-Mail: Helge@Helbing.de oder
vfb@vfb-kosmos.de
Homepage: www.vfb-kosmos.de

Verkehrspsychologische Vereinigung e. V.
Auf Verkehrspsychologie spezialisierte Diplom-Psychologen im Raum Baden-Württemberg mit ca. 25 Adressen; Beratung auch in serbokroatischer und türkischer Sprache; Vorsitzende: Branka Fein
Heidenheimer Str. 8
71229 Leonberg
Tel.: 0 71 52 / 9 45 90
Fax: 0 71 52 / 9 45 94 5

Fachärztliche Beratung

Amts / fachärztliche Gutachten und Beratung bei Alkohol- und Drogenproblemen
Verkehrsmediziner
Dr. Stefan Winter
Sonnenbüchelweg 2
88212 Ravensburg / Württemberg
Tel.: 07 51 / 3 52 47 62
Fax: 07 51 / 35 24 61
E-Mail: DrWinter.Ravensburg@t-online.de

Weitere amts / fachärztliche Gutachter können Sie bei Ihrem Gesundheitsamt oder auch bei Ihrer Fahrerlaubnisbehörde erfragen.

Suchtberatungsstellen

Anonyme Alkoholiker

Gemeinsames Dienstbüro
Postfach 46 02 27
80910 München
Tel.: 089 / 3 16 95 00
Außerdem sind die Anonymen Alkoholiker in über 50 Orten unter der bundeseinheitlichen Rufnummer (Vorwahl) 1 92 95 zu erreichen (zum Beispiel München: 0 89 und dann 1 92 95).

Condrobs e. V. Jugend-, Drogen- und Suchtberatung

Ambulante Therapien, Prävention, Adressen u. a. in München, Sternberg, Weßling, Murnau, Garmisch-Partenkirchen. Kooperationspartner sind Einrichtungen der Jugendhilfe, der Medizin und der Justiz innerhalb der Landkreise. Condrobs e. V. arbeitet auf der Basis von Schweigepflicht und Anonymität und hat Zeugnisverweigerungsrecht. Die Angebote sind kostenlos. Terminabsprachen erfolgen über die Beratungsstelle Starnberg.
Ferdinand-Maria-Str. 20
82319 Starnberg
Tel.: 0 81 51 / 9 18 2 03
Fax: 0 81 51 / 9 18 2 10
E-Mail: webmaster@condrobs.de
Homepage: www.condrobs.de

FABA e. V. – Förderverein zur Aufklärung und Beratung von Alkoholkranken und Mitbetroffenen nach Grundsätzen des «Betty Ford Center at Eisenhower», USA

Deutschlandweit ca. 15 Beratungsstellen, 24 Stunden pro Tag erreichbar. Der eigenständige Verein hat den Zweck, alkoholkranke Menschen und deren Mitbetroffene (Co-Abhängige) aufzuklären, zu beraten und zu betreuen.
Vorsitzender Rolf Bollmann
Loisachufer 30
82515 Wolfratshausen
Tel.: 0 81 71 / 2 80 01
Fax: 0 81 71 / 2 80 02
E-Mail: FABAev@aol.com
Homepage: www.faba.de

Psychosoziale Beratungsstellen der Caritas

Beratung und Hilfe bei Abhängigkeits- und / oder Führerscheinproblemen. Leider gibt es hier keine bundeseinheitliche Anlaufstelle. Erkundigen Sie sich nach Ihrer nächstgelegenen psychosozialen Beratungsstelle bei Ihrem örtlichen Gesundheitsamt, der Fahrerlaubnisbehörde oder einer Polizeidienststelle. Die Telefonnummern finden Sie im örtlichen Telefonbuch unter «Psychosoziale Beratungsstelle» oder «Caritas».

Psychologische Beratungspraxis, Suchttherapie

Michael Sárosi
staatl. zugelassener Dozent für Psychotherapie, Praxis für Hypnose, angewandte Psychologie und psychologische Seminare
Staigstr. 3
89293 Kellmünz a. d. Iller
Tel.: 0 83 37 / 7 54 94
Fax: 0 83 37 / 7 54 96
E-Mail: MSarosi@t-online.de

Amtlich anerkannte Gutachterstellen

Avus, Gesellschaft für Arbeits-, Verkehrs- und Umweltsicherheit mbH
Geschäftsführung:
Bahrenfelder Straße 162
22765 Hamburg-Altona
Tel.: 040/390 76 34

Schillerstraße 44
22767 Hamburg-Altona
Tel.: 040/38 99 01-0

Schloßmühlendamm 4
21073 Hamburg-Harburg
Tel.: 040/76 62 27-0

Am Salzhaus 4
60311 Frankfurt/Main
Tel.: 069/13 38 87-0

E-Mail: info@AVUS-MPU.de
Homepage:
www.AVUS-MPU.de

DEKRA e. V. Land Berlin
Kurt-Schumacher-Damm 28
13405 Berlin
Tel.: 030/41 78 4-175/-176

Ferdinand-Schultze-Straße 65
13055 Berlin
Tel.: 030/98 60 98-82/-83

DEKRA Land Brandenburg
Verkehrshof 11
14478 Potsdam
Tel.: 0331/88 86-016/-00

Gewerbeweg 7
03044 Cottbus
Tel.: 0355/8 77 32 56 oder
0355/8 77 30

Walter-Bothe-Straße
16515 Oranienburg
Tel.: 03301/60 62 83

DEKRA Freistaat Sachsen
Löbauer Straße 75
02625 Bautzen
Tel.: 03591/2 78-19

Olzmannstraße 22
08060 Zwickau
Tel.: 0375/5 08 31 33

Neefestraße 131
09129 Chemnitz
Tel.: 0371/3 51 32 33

Köhlerstraße 18
01239 Dresden
Tel.: 0351/2 85 51 83

Torgauer Straße 235
04347 Leipzig
Tel.: 0341/2 59 39-66

DEKRA Land Sachsen-Anhalt
Am großen Silberberg 5
39130 Magdeburg
Tel.: 0391/72 60-5 00/-5 01

Uenglinger Straße
39576 Stendal
Tel.: 03931/41 41 60-63

Schieferstraße 2
06126 Halle
Tel.: 0345/6 91 41 51

Ernst-Zindel-Straße 8
06847 Dessau
Tel.: 03 40 / 5 50 52 34

DEKRA Freistaat Thüringen
St.-Christophorus Straße 3
99092 Erfurt
Tel.: 03 61 / 7 4 32-4 70 / -3

**IAS Institut für Arbeits- und
Sozialhygiene Stiftung**
Allee der Kosmonauten 47
12681 Berlin-Marzahn
Tel.: 0 30 / 54 78 31 97 oder
0 30 / 54 88 31 25

Forckenbeckstraße 20
14199 Berlin-Wilmersdorf
Tel.: 0 30 / 8 24 84 93 oder
0 30 / 8 24 84 40

Dr. Mahnke & Partner GmbH
Mundenheimer Straße 129
67061 Ludwigshafen
Tel.: 06 21 / 58 17 21

**PIMA GmbH – Privates Institut
für mobile Arbeitsmedizin**
Anna-Birle-Straße 1
55252 Mainz-Kastel
Tel.: 0 61 34 / 7 26 10

Kieler Straße 5
34225 Baunatal
Tel.: 0 56 01 / 9 79 50

**Unternehmensgruppe TÜV
Bayern, Hessen, Sachsen, Südwest
e. V. (TÜV Süddeutschland)**
Stuttgarter Straße 6
73430 Aalen
Tel.: 0 73 61 / 6 64 30

Weißenburger Straße 38
63739 Aschaffenburg
Tel.: 0 60 21 / 30 94-0

Fuggerstraße 26
86150 Augsburg
Tel.: 08 21 / 3 43 29-0

Friedrichstraße 35
72336 Balingen
Tel.: 0 74 33 / 9 68 20

Wittelsbacher Ring 10
02625 Bautzen
Tel.: 0 35 91 / 4 24 56

August-Bebel-Str. 3
95444 Bayreuth
Tel.: 09 21 / 7 59 95-51

Bahnhofstraße 12
09111 Chemnitz
Tel.: 03 71 / 67 52-70

Löbtauer Straße 40
01159 Dresden
Tel.: 03 51 / 4 94 14 25

Fabrikstraße 5
73728 Esslingen
Tel.: 07 11 / 39 69 27-0

Engelbergerstraße 21
79106 Freiburg
Tel.: 07 61 / 3 87 71-0

Bahnhofstraße 19 – 23
74072 Heilbronn
Tel.: 0 71 31 / 8 37 05

Pfarrstraße 6
85049 Ingolstadt
Tel.: 08 41 / 1 79 12

Ebertstraße 14
76137 Karlsruhe
Tel.: 07 21 / 3 26 39

Bodmannstraße 4
87435 Kempten
Tel.: 08 31 / 5 21 54-0

Altstadt 362
84028 Landshut
Tel.: 08 71 / 9 23 64-0

Karlstraße 10 (Hofmeisterhaus)
04103 Leipzig
Tel.: 03 41 / 2 11 81 60

Kaiserring 10 – 12
68161 Mannheim
Tel.: 06 21 / 1 26 07-0

Daimlerstraße 7
97980 Bad Mergentheim
Tel.: 0 79 31 / 5 12 16

Westendstraße 199
80686 München
Tel.: 0 89 / 57 91-19 22 / -19 23

Nelson-Mandela-Platz 18
90459 Nürnberg
Tel.: 09 11 / 9 44 67-21

Okenstraße 18
77652 Offenburg
Tel.: 07 81 / 2 89 38-0

Ludwigstraße 15
94032 Passau
Tel.: 08 51 / 9 31 38-0

Schwanenstraße 5
88214 Ravensburg
Tel.: 07 51 / 3 59 48-0

Friedenstraße 6
93051 Regensburg
Tel.: 09 41 / 99 10-2 22

Münchener Straße 27
83022 Rosenheim
Tel.: 0 80 31 / 38 20 67

Berliner Promenade 16
66111 Saarbrücken
Tel.: 06 81 / 37 11 21

Erzbergerstraße 2
78224 Singen a. H.
Tel.: 0 77 31 / 6 17 62

Krailenshaldenstraße 30
70469 Stuttgart
Tel.: 07 11 / 89 33-2 50

Frauenstraße 65
89073 Ulm
Tel.: 07 31 / 61 98 51

Johannisstraße 27
92637 Weiden / Oberpfalz
Tel.: 09 61 / 41 82 51

Haugerring 6
97070 Würzburg
Tel.: 09 31 / 3 21 36-0

Reichenbacher Straße 62 – 68
08056 Zwickau
Tel.: 03 75 / 28 25 07

**TÜV Hannover /
Sachsen-Anhalt e. V.**
Am TÜV 1
30519 Hannover
Tel.: 05 11 / 9 86-13 60 / -13 61

Böttcherstraße 11
33609 Bielefeld
Tel.: 05 21 / 7 86-0

Schmalbachstraße 8
38122 Braunschweig
Tel.: 05 31 / 23 90-0

Südwall 30
29221 Celle
Tel.: 0 51 41 / 10 62

Zerbster Straße 37
06844 Dessau
(über MPU Halle)

Rudolf-Diesel-Straße 5
37075 Göttingen-Weende
Tel.: 05 51 / 38 55-0

Wilhelm-Külz-Straße 1–3
38820 Halberstadt
(über MPU Magdeburg)

Georg-Schumann-Platz 9
06110 Halle
Tel.: 03 45 / 2 02 91 01

Am TÜV 1
30519 Hannover
Tel.: 05 11 / 9 86 –13 44 / -13 41

Adelheidring 16
39108 Magdeburg
Tel.: 03 91 / 73 66-1 71

Alte Poststraße 19
49074 Osnabrück
Tel.: 05 41 / 3 38 06-0

An der Talle 7
33102 Paderborn
Tel.: 0 52 51 / 1 41-0

Göpenstraße 27
06526 Sangershausen
(über MPU Halle)

Altes Dorf 1
39576 Stendal
(über MPU Magdeburg)

Friedrichstraße 127
06886 Wittenberg
(über MPU Halle)

Tiergartenstraße 9
06712 Zeitz
(über MPU Halle)

**TÜH Technische Überwachung
Hessen**
Eschborner Landstraße 42–50
60489 Frankfurt am Main
Tel.: 0 69 / 9 78 82 40

Rheinstraße 51
64283 Darmstadt
Tel.: 0 61 51 / 89 36 38

Bismarckstraße 30
35683 Dillenburg
(über MPU Gießen)

Ottfried-von-Weissenburg-
Straße 3
36043 Fulda
(über MPU Kassel)

Leimenkauter Weg 59
35398 Gießen
Tel.: 06 41 / 98 22 90

Knorrstraße 36
34121 Kassel
Tel.: 05 61 / 20 91-4 82

Am Kniep 50
34497 Korbach
(über MPU Kassel)

TÜV Nord e. V.
Neuenlander Straße 73 c
28199 Bremen
Tel.: 04 21 / 55 90-7 99

Grimmerstraße 4 – 6
17489 Greifswald
Tel.: 0 38 34 / 50 13 43

Oberstraße 14 b
20144 Hamburg
Tel.: 0 40 / 42 30 20-10

Am Irrgarten 7
21073 Hamburg-Harburg
Tel.: 0 40 / 42 30 20-10

Theodor-Storm-Straße 2
25813 Husum
Tel.: 0 48 41 / 73 07-1 51

Segeberger Landstraße 2 b
24145 Kiel
Tel.: 04 31 / 73 07-1 51

Heisfelder Straße 2
26789 Leer
Tel.: 04 91 / 6 65 39

Wolfswinkelstraße 2
17034 Neubrandenburg
Tel.: 03 95 / 4 21 41 12

Trelleborger Straße 15
18107 Rostock
Tel.: 03 81 / 77 03-5 00

Medeweger Straße 20
19057 Schwerin
Tel.: 03 85 / 4 89 10-21

TÜV Pfalz e. V.
Merkurstraße 45
67663 Kaiserslautern
Tel.: 06 31 / 35 45-1 66

Achtmorgenstraße 5
67065 Ludwigshafen / Rhein
Tel.: 06 21 / 5 70 07-61

Horstschanze 46
76829 Landau
Tel.: 0 63 41 / 6 10 01 oder
01 72 / 6 51 79 74

RWTÜV Fahrzeug GmbH
Clemens-August-Straße 16
59821 Arnsberg
Tel.: 0 29 31 / 1 40 86

Hansastraße 7 – 11
44137 Dortmund
Tel.: 02 31 / 90 63 11

Meidericher Straße 14 – 16
47058 Duisburg
Tel.: 02 03 / 3 04-2 91

Kurfürstenstraße 58
45138 Essen
Tel.: 02 01 / 8 25-27 85

Schloßstraße 28
47608 Geldern
Tel.: 0 28 31 / 8 84 08

Feithstraße 188
58097 Hagen
Tel.: 0 23 31 / 8 03-2 28

Berliner Platz 30
48143 Münster
Tel.: 02 51 / 66 08 21

Leimbachstraße 227
57074 Siegen
Tel.: 02 71 / 33 78-1 58

TÜV Rheinland / Berlin-Branden-burg e. V.
Krefelder Straße 225
52070 Aachen
Tel.: 02 41 / 18 25-0

Karl-Marx-Allee 3
(Haus der Gesundheit)
10789 Berlin
Tel.: 0 30 / 24 75 78-11 oder 12

Tauentzienstraße 3
10789 Berlin
Tel.: 0 30 / 23 51 40-0

Wilhelmstraße 122
57518 Betzdorf
Tel.: 0 27 41 / 2 95-1 27

Godesberger Allee 125
53175 Bonn (Bad Godesberg)
Tel.: 02 28 / 3 01-2 22

Karl-Marx-Str. 14
03044 Cottbus
Tel.: 03 55 / 2 52 41 oder 70 19 17

Vogelsanger Weg 6
40470 Düsseldorf
Tel.: 02 11 / 63 54-2 34

Zehmeplatz 11
15230 Frankfurt / Oder
Tel.: 03 35 / 5 58 75-0

Hans-Böckler-Straße 6
56070 Koblenz (Wallersheim)
Tel.: 02 61 / 80 85-1 45

Altenburger Straße 12
50668 Köln
Tel.: 02 21 / 91 28 47-10

Elbestr. 7
47800 Krefeld (Bockum)
Tel.: 0 21 51 / 44 14-48

Kaiser-Wilhelm-Ring 6
55118 Mainz
Tel.: 0 61 31 / 61 30 06

Theodor-Heuss-Straße 93 / 95
41065 Mönchengladbach
Tel.: 0 21 61 / 8 22-1 37

Posthofstraße 9
14473 Potsdam
Tel.: 03 31 / 2 70 87 14

Uckerpromenade 17
17291 Prenzlau
Tel.: 0 39 84 / 80 44 08

Doerfelstraße 8
16928 Pritzwalk
Tel.: 03 39 5 / 30 25 60

Bahnhofplatz 8
54292 Trier
Tel.: 06 51 / 20 05-1 34

Friedrich-Engels-Allee 346
42283 Wuppertal (Barmen)
Tel.: 02 02 / 51 12-0

TÜV Thüringen e. V.
Anger 74/75
99084 Erfurt
Tel.: 03 61/6 46 10 31

Friedericistraße 8 a
07545 Gera
Tel.: 03 65/73 51-2 50

Rathsfelder Straße 1
99734 Nordhausen
Tel.: 0 36 31/63 04-48 oder -49

Industriestraße 13
98544 Zella-Mehlis
Tel.: 0 36 82/45 26 44

Internet-Adressen

IPAV – Praxisseminar für auffällige Verkehrsteilnehmer

IPAV bietet die praktische Ergänzung zur individuellen Aufarbeitung. Dem Teilnehmer wird aufgezeigt, welche Gefahr von seinem bisherigen Fahrverhalten ausging. So soll er seine bisherige problematische Einstellung erkennen und durch das Erkennen und Erleben von Gefahren die Bereitschaft zu einer Verhaltens- und Einstellungsänderung entwickeln.
E-Mail: Praxisseminar@ipav.de
Homepage: www.ipav.de

MPU-News

Hier finden Interessierte und Betroffene Informationen über die MPU. Die Seiten werden ständig aktualisiert und von Fachleuten aus verschiedenen Sparten unterstützt. Es können auch Fragen per E-Mail gestellt werden, die seriös und anonym beantwortet werden.
E-Mail: news@mpu-news.de
Homepage: www.mpu-news.de

MPU-Bücher

Informationen über Bücher zum Thema MPU und Führerschein, die direkt online bestellt werden können.
E-Mail: buecher@mpu-buecher.de
Homepage: www.mpu-buecher.de

MPU-Chat

Speziell für Betroffene: Hier können Erfahrungen ausgetauscht werden, die Teilnehmer bleiben anonym, und es sind keine Vorkenntnisse notwendig. Der Chat ist einfach zu bedienen.
E-Mail: chat@mpu-chat.de
Homepage: www.mpu-chat.de

Die MPU-Studie von Dr. med. Rüdiger Verhasselt

Unter Einsatz modernster Analysemethoden wird eine erhebliche Zahl von MPU-Gutachten einer eingehenden Qualitätsprüfung unterzogen. Daneben werden sowohl die Begutachtungsumstände als auch die Prognosegenauigkeit überprüft. Die Aussagekraft der Studie wird zu einem entscheidenden Anteil bestimmt durch die Zahl der analysierten Gutachten. Ihre Unterstützung wird daher benötigt. Bitte senden Sie eine Kopie Ihres bzw. Ihrer Gutachten an die unten aufgeführte Kontaktadresse, auch wenn die MPU erfolgreich war. Die Übersendung kann anonym erfolgen, indem im Text des Gutachtens Ihr Name unkenntlich gemacht wird und eine Absenderangabe unterbleibt. Randnotizen/eigene Kommentare/Beurteilungen sind dagegen erwünscht. Im Internet kann des weiteren ein begleitender Fragebogen abgerufen werden.
MPU-Studie – Medizingutachterbüro Dr. med. Rüdiger Verhasselt
Burgmüllerstr. 31
40235 Düsseldorf
Tel.: 02 11 / 6 98 68 00
Fax: 02 11 / 6 98 68 01
E-Mail: info@medizingutachter.de
oder mpu@arzthaftungsrecht.de
Homepage:
www.arzthaftungsrecht.de

Recht bekommen, recht behalten mit Ratgebern von rororo:

Hans-Georg Faustmann / Winfried Ludwigs
Das Betreuungsrecht *Hilfe und Beistand für Erwachsene, Behinderte und Kranke unter gerichtlicher Obhut*
(rororo sachbuch 60173)

Wilhelm Funke
Patientenrechte *Ansprüche und Leistungen im Arzt-Patienten-Verhältnis*
(rororo sachbuch 19947)

Marcus Matthias Keupp
Ratgeber Zivildienst
(rororo sachbuch 60836 / März 2000)

Horst Peter Wickel
Ratgeber Wehrdienst
(rororo sachbuch 60895 / März 2000)
Dieses Buch ist keine Sammlung von Patentrezepten. Es vermittelt vielmehr Orientierungs- und Entscheidungshilfen für den Alltag in der Bundeswehr, die so sonst nirgend zu finden sind.

Sigrid Nolte-Schefold
Rechtsratgeber für Stieffamilien *Was Mütter und Väter wissen müssen*
(rororo sachbuch 60896)
Die Anzahl der Stieffamilien steigt. Hier werden Themenkreise angesprochen, mit denen sich eine Stieffamilie auseinandersetzen muß. Anhand von Fallbeispielen aus der Rechtsprechung werden Probleme anschaulich dargestellt, die immer wieder im Zusammenleben auftauchen.

Sigrid Nolte-Schefold
Rechtsratgeber für Stieffamilien
Was Mütter und Väter wissen müssen

Gabriele Kaufmann / Martina Meißner / Wolfgang Meyer
Existenzgründung *Rechtliche Voraussetzungen und betriebswirtschaftliche Hilfen*
(rororo sachbuch 19949)
Wie schafft man den Sprung zur Gründung einer eigenen Firma? Der Ratgeber erklärt alle notwendigen Schritte.

Ernst Heinrich v. Bernewitz / Konrad von Bonin
Das Grundgesetz verstehen *Didaktisches Sachbuch zu Verfassungsrecht und Gesellschaftswirklichkeit. Erläuterungen – Materialien – Arbeitsvorschläge*
(rororo sachbuch 16995)

Hans Emge
Wie werde ich Unternehmer? *und die knallharte Antwort für 15 Mark*
(rororo sachbuch 60745)

Weitere Informationen in der **Rowohlt Revue**, kostenlos in Ihrer Buchhandlung, und im **Internet: www.rororo.de**

Michael Brückner /
Andrea Przylenk
Alternative: Selbstständigkeit
*Ein Testbuch für Arbeits-
lose und Umsteiger*
(rororo sachbuch 60432)

Rüdiger Falken / Jan Evers
Versicherungen *Ihr persönliches Versicherungspro-
gramm gegen Risiken*
(rororo sachbuch 60458)

Roland Keich /
Cornelius Buchmann
Wohneigentum *Wie Sie den
Kauf eines Hauses oder
einer Wohnung sicher
finanzieren*
(rororo sachbuch 60221)

Christa Niedermeier
Autokauf *Barzahlung,
Kredit, Leasing: die
günstigste Lösung für Sie*
(rororo sachbuch 60220)

Udo Reifner u. a.
**Mieter kaufen gemeinsam ihr
Haus. Das Modell der Zukunft**
*Wie Sie Wohneigentum
auch bei geringem Ein-
kommen finanzieren*
(rororo sachbuch 60461)

Udo Reifner / Achim Tiffe
Das Girokonto, Ihr Geldmanager
*Die beste Kontogestaltung
für Ihre eigenen Be-
dürfnisse*
(rororo sachbuch 60459)
Dieser Ratgeber führt Rechte
und Pflichten der Kunden
wie der Banken an und
widmet sich den typischen
Problemen, die bei Girokon-
ten auftauchen.

Diana Siebert
Geldanlagen *Wie Sie kleine
oder größere Beträge
günstig und ohne Risiko
anlegen*
(rororo sachbuch 60225)

Susanne Veit /
Michael Weinhold
Schulden *Wie Sie mit Schulden richtig umgehen und
Überschuldung abbauen*
(rororo sachbuch 60460)
Dieser Finanzratgeber zeigt
an konkreten Beispielen, wie
man mit Schulden richtig
umgeht. Dabei wird vor
allem die neue Insolvenz-
ordnung, die am 1. Januar
1999 in Kraft tritt und unter
bestimmten Bedingungen
Schuldenbefreiung vorsieht,
präzise erläutert und in praktische Ratschläge umgesetzt.

Ein Gesamtverzeichnis aller
lieferbaren Bücher zum
Thema finden Sie in der
Rowohlt Revue. Vierteljähr-
lich neu. Kostenlos in Ihrer
Buchhandlung.

Rowohlt im Internet:
http://www.rowohlt.de